JN015820

ビジネス英語リーディングの技術

スピーディに英文を読んで情報を得るためのスキル

江藤友佳＋濵崎潤之輔 著
Yuka Eto & HUMMER

クロスメディア・ランゲージ

はじめに

ビジネスを進めるうえで、素早く情報を把握し、次のアクションを考え、すぐに行動に移せることがますます重要になっています。ノンネイティブが英語で仕事をするときに、スピードが遅いことが原因でビジネス機会を逃してしまうのは非常にもったいないことです。また、英語での業務に時間がかかると、残業が増えてしまうという声も聞きます。特に、英文メールを読んだり書いたりするのに時間がかかってしまう方が多いようです。しかし、日本語のビジネスメールが「いつもお世話になっております」から始まるように、英文にも一般的な「流れ」があります。本書ではその型を学んでいただきます。英文に慣れて処理スピードを上げることを目指してください。

英文リーディングにおいて何より注目すべきキーワードは、「ディスコースマーカー」（→ p. 20）です。個人的な話になりますが、私がアメリカの大学・大学院で学んでいたとき、1週間に数百ページの英文を読まなくてはいけなかったので、一字一句丁寧に読んでいる余裕はありませんでした。私は概要をつかむためにスキミング（各段落の最初と最後をしっかりと読むこと →p. 12）をし、その他の部分は必ずディスコースマーカーに丸をつけてその周りを集中的に読むようにしていました。すべての文を丁寧に読む必要はありません。TOEICなどの英語の試験でも私はすべてを読まずに、「重要そうなところだけ」を見て問題を解きます。大切な情報を素早くつかむためには、ディスコースマーカーが非常に役立ちます。本書の英文にも多数のディスコースマーカーが登場します。常にディスコースマーカーに着目することを習慣化してください。

本書は時事ネタを参考に英文を作成していますので、内容がとてもリアルだと思います。ニュース記事や実際に使われている広告に出てくる表現を盛り込んでいます。また、ITサポート担当者とのチャットメッセージなど、ビジネスで英語を使う機会のある多くの人が経験するであろう場面のやり取りを用意しました。海外の人との仕事が多い方、または今後海外赴任を予定している方など、ビジネス英語を瞬時に理解できる必要のある方にぜひ活用していただきたいと思います。

各文の解説にはビジネスで英語を使うためのヒントも散りばめられていますので、参考になさってください。皆さんが本書で早く情報を的確に把握する技術を身につけ、すぐに次のアクションを取り、ビジネスを円滑に進められるよう、応援しています。

江藤友佳

CONTENTS

CHAPTER 2

文書のタイプ別 ビジネス英語リーディング

本書の構成

本書の英文（Eメール、チャットメッセージ、広告、記事）は、次の構成になっています。

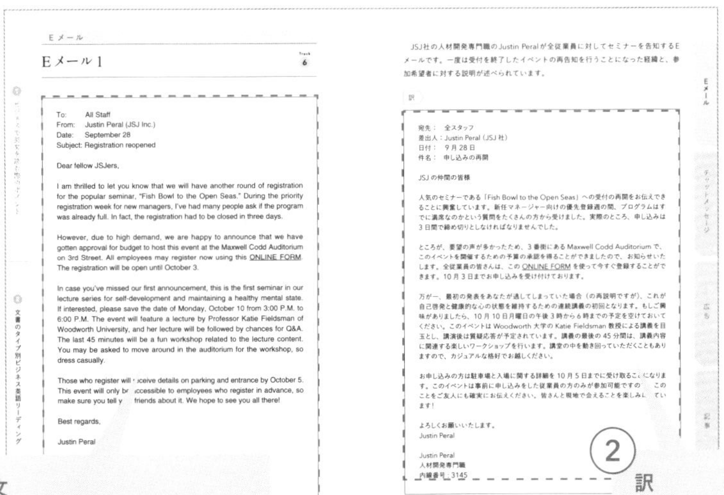

Eメール

Eメール1

Track 6

To: All Staff
From: Justin Peral (JSJ Inc.)
Date: September 28
Subject: Registration reopened

Dear fellow JSJers,

I am thrilled to let you know that we will have another round of registration for the popular seminar, "Fish Bowl to the Open Seas." During the priority registration week for new managers, I've had many people ask if the program was already full. In fact, the registration had to be closed in three days.

However, due to high demand, we are happy to announce that we have gotten approval for budget to host this event at the Maxwell Codd Auditorium on 3rd Street. All employees may register now using this ONLINE FORM. The registration will be open until October 3.

In case you've missed our first announcement, this is the first seminar in our lecture series for self-development and maintaining a healthy mental state. If interested, please save the date of Monday, October 10 from 3:00 P.M. to 6:00 P.M. The event will feature a lecture by Professor Katie Fieldsman of Woodworth University, and her lecture will be followed by chances for Q&A. The last 45 minutes will be a fun workshop related to the lecture content. You may be asked to move around in the auditorium for the workshop, so dress casually.

Those who register will receive details on parking and entrance by October 5. This event will only be accessible to employees who register in advance, so make sure you tell your friends about it. We hope to see you all there!

Best regards,

Justin Peral

JSJ社の人材開発専門職のJustin Peralが全従業員に対してセミナーを告知するEメールです。一度は受付を終了したイベントの再告知を行うことになった経緯と、参加希望者に対する説明が述べられています。

訳

宛先： 全スタッフ
差出人：Justin Peral（JSJ社）
日付： 9月28日
件名： 申し込みの再開

JSJの仲間の皆様

人気のセミナーである「Fish Bowl to the Open Seas」への受付の再開をお伝えできることに興奮しています。新任マネージャー向けの優先登録週の間、プログラムはすでに満席なのかという質問をたくさんの方から受けました。実際のところ、申し込みは3日間で締め切りとしなければなりませんでした。

ところが、要望の声が多かったため、3番街にあるMaxwell Codd Auditoriumで、このイベントを開催するための予算の承認を得ることができましたので、お知らせいたします。全従業員の皆さんは、このONLINE FORMを使って今すぐ登録することができます。10月3日までお申し込みを受け付けております。

万が一、最初の発表をあなたが逃してしまっていた場合（の再説明ですが）、これが自己啓発と健康的な心の状態を維持するための連続講義の初回となります。もしご興味がありましたら、10月10日月曜日の午後3時から6時までの予定を空けておいてください。このイベントはWoodworth大学のKatie Fieldsman教授による講義を目玉とし、講演後は質疑応答が予定されています。講義の最後の45分間は、講義内容に関連する楽しいワークショップを行います。講堂の中を動き回っていただくこともありますので、カジュアルな格好でお越しください。

お申し込みの方は駐車場と入場に関する詳細を10月5日までに受け取ることになります。このイベントは事前に申し込みをした従業員の方のみが参加可能ですので、このことをご友人にも確実にお伝えください。皆さんと現地で会えることを楽しみにしています！

よろしくお願いいたします。
Justin Peral

Justin Peral
人材開発専門職
内線番号：3145

①
英文
ビジネス場面で読む機会の多い、基本的な英文

②
訳
左ページの英文に対応した和訳

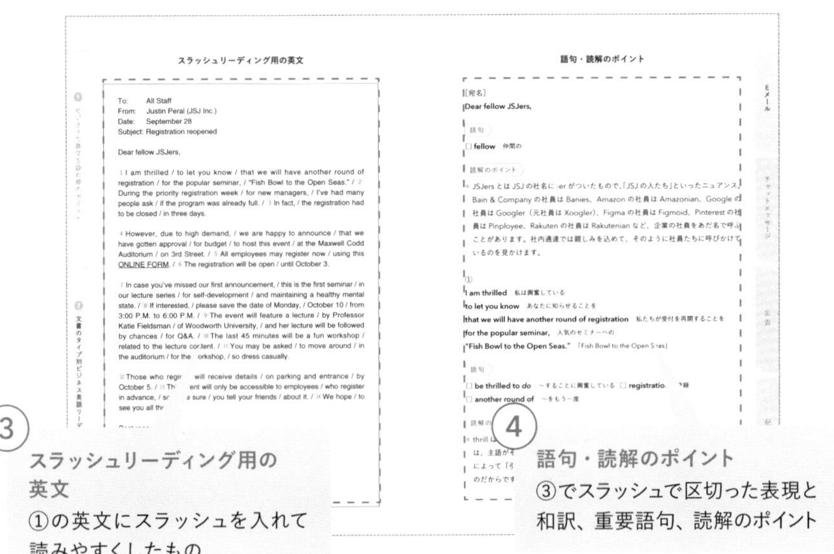

スラッシュリーディング用の英文

To: All Staff
From: Justin Peral (JSJ Inc.)
Date: September 28
Subject: Registration reopened

Dear fellow JSJers,

1 I am thrilled / to let you know / that we will have another round of registration / for the popular seminar, / "Fish Bowl to the Open Seas." / 2 During the priority registration week / for new managers, / I've had many people ask / if the program was already full. / 3 In fact, / the registration had to be closed / in three days.

4 However, due to high demand, / we are happy to announce / that we have gotten approval / for budget / to host this event / at the Maxwell Codd Auditorium / on 3rd Street. / 5 All employees may register now / using this ONLINE FORM. / 6 The registration will be open / until October 3.

7 In case you've missed our first announcement, / this is the first seminar / in our lecture series / for self-development / and maintaining a healthy mental state. / 8 If interested, / please save the date of Monday, / October 10 / from 3:00 P.M. to 6:00 P.M. / 9 The event will feature a lecture / by Professor Katie Fieldsman / of Woodworth University, / and her lecture will be followed by chances / for Q&A. / 10 The last 45 minutes will be a fun workshop / related to the lecture content. / 11 You may be asked / to move around / in the auditorium / for the workshop, / so dress casually.

12 Those who regir will receive details / on parking and entrance / by October 5. / 13 Th ent will only be accessible to employees / who register in advance, / so sure / you tell your friends / about it. / 14 We hope / to see you all th

語句・読解のポイント

[宛名]
Dear fellow JSJers,

語句
□ **fellow** 仲間の

読解のポイント
JSJersとはJSJの社名に-erがついたもので、「JSJの人たち」といったニュアンス。Bain & Companyの社員はBanies、Amazonの社員はAmazonian、Googleの社員はGoogler（元社員はXoogler）、Figmaの社員はFigmoid、Pinterestの社員はPinployee、Rakutenの社員はRakutenianなど、企業の社員をあだ名で呼ぶことがあります。社内通達では親しみを込めて、そのように社員たちに呼びかけているのを見かけます。

①
I am thrilled 私は興奮している
to let you know あなたに知らせることを
that we will have another round of registration 私たちが受付を再開することを
for the popular seminar, 人気のセミナーへの
"Fish Bowl to the Open Seas." 「Fish Bowl to the Open Seas」

語句
□ **be thrilled to do** ～することに興奮している □ **registratio** 登録
□ **another round of** ～をもう一度

読解のポイント
thrill [illegible]
は、主語が [illegible]
によって「 [illegible]
のだからです [illegible]

③
スラッシュリーディング用の英文
①の英文にスラッシュを入れて読みやすくしたもの

④
語句・読解のポイント
③でスラッシュで区切った表現と和訳、重要語句、読解のポイント

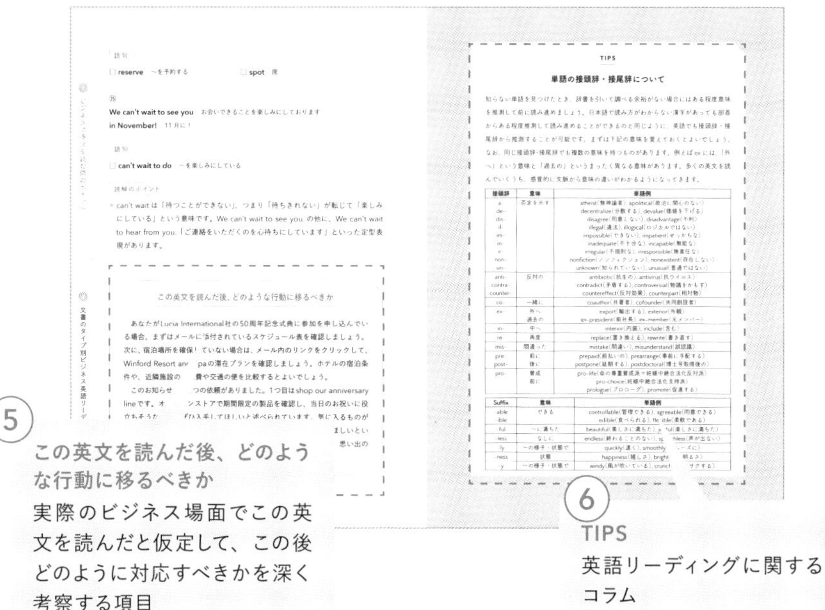
5
この英文を読んだ後、どのような行動に移るべきか
実際のビジネス場面でこの英文を読んだと仮定して、この後どのように対応すべきかを深く考察する項目
6
TIPS
英語リーディングに関するコラム

※スラッシュリーディング

スラッシュリーディングとは、意味のかたまりごとにスラッシュを入れて英文を読む方法のこと。スラッシュリーディングを通して、ネイティブのように前から語順どおりに理解する練習を行うことができます。英文を素早く読むためには、戻り読みをしたり、きれいな和訳をするために語順を入れ替えて理解しようとするとうまくいきません。本書ではすべての英文にスラッシュリーディングのページを設けています。

※この英文を読んだ後、どのような行動に移るべきか

ビジネス英語の専門家の著者が書いた本書ならではの大きな特長です。ビジネスにおいては「文章を読む」だけでなく、その後「行動する・対応する」ことが求められます。本書では文章を読んでどのような行動に移るべきかを考える練習も行います。

音声データの無料ダウンロード

本書『ビジネス英語リーディングの技術』に対応した音声ファイル（mp3ファイル）を下記URLから無料でダウンロードすることができます。ZIP形式の圧縮ファイルです。

https://www.cm-language.co.jp/books/businessreading/

本文で紹介している英文を収録しました。ナチュラルなスピードでの、アメリカ英語のナレーションです。

音声を使った詳しい学習方法については、p. 231 をご覧ください。

ダウンロードした音声ファイル（mp3）は、iTunes 等の mp3 再生ソフトやハードウエアに取り込んでご利用ください。ファイルのご利用方法や、取込方法や再生方法については、出版社、著者、販売会社、書店ではお答えできかねますので、各種ソフトウエアや製品に付属するマニュアル等をご確認ください。
音声ファイル（mp3）は、『ビジネス英語リーディングの技術』の理解を深めるために用意したものです。それ以外の目的でのご利用は一切できませんのでご了承ください。

CHAPTER

1

ビジネスで英文を読む際のポイント

ビジネス英語リーディングのポイント1

ビジネス英語文書の構成から大枠を理解する

英語の文章は日本語以上に型がしっかりしています。Eメールや広告など、それぞれ典型的な文章の書き方があるので、それらの構成を理解したうえで読むと情報処理スピードが上がります。

英文の基本的な構成は以下のとおりです。内容の概要を理解するために、この構成に沿った情報の探し方をしながら読みます。

＜英文のよくある構造＞

Introduction Paragraph（何に関する情報かを示す、トピックの提示）

↓

Body（複数のパラグラフで構成される、情報の具体的な内容）

↓

Concluding Paragraph（情報のまとめ）

英文は、概要を理解したうえで読むと情報を素早く理解できます。全体像をつかむために、まずはIntroduction Paragraphの冒頭と最終文、そしてConcluding Paragraphの冒頭と最終文に目を通しましょう。書籍や学術的な記事は上記の基本構造に沿った書き方をされていることが多いので、この読み方をすると理解しやすくなります。

ただし、ビジネス文書は短い単語数で伝えられるように効率を重視しているため、必ずしもこの一般的な読み方が最適とは限りません。次のページで、ビジネス文書の読み方を種類別に解説しています。ビジネスで目にする英文のパターンをまとめてありますので、効率的にタイプ別の読み方に慣れていきましょう。

主なビジネス文書の種類

Eメールの読み方のコツ

Eメールを読むときは、1段落ずつ情報処理をしていきましょう。Eメールは段落ごとに分かれていることが多いので、情報の区切りがとてもわかりやすいです。一般的に、最初の段落には連絡目的が書かれています。単刀直入に書かれたメールでは1文目に連絡目的があるのが通常ですが、何らかのお礼や挨拶表現で始まることもあります。まずは連絡目的を把握し、本文の中に疑問符(?)がないか確認しましょう。依頼事項が疑問文になっていることが多いので、自分に求められていることが何なのかを把握しやすいです。丁寧に書かれたEメールの場合、疑問文でなくIt would be great if you could ～.（～していただけると助かります）といった控えめな書き方で依頼事項が提示されていることも多いので、「ビジネス文書に頻出する表現」（→p. 14）をヒントに読み進めましょう。

チャットの読み方のコツ

チャットにはあまりルールがなく、一問一答のようにテンポ良く話が進みます。相手のほしがっている情報を察して情報提示することが多いです。文字数を減らすために、省略形の表現が使われることもありますので、本書で覚えていきましょう（→p. 61）。

広告の読み方のコツ

広告には読み手へのオファーが書かれています。どのような人に向けた、どのような条件下でのオファーなのかを、タイトル、サブタイトルの他、大きく目立つ情報から把握できます。条件は、価格や割引率、期限などの数字が示すことが多いです。オファーを理解した後で、小さい字で書かれた規約など細かい部分に目を向けるとよいでしょう。

記事の読み方のコツ

記事の場合、情報の提示方法が若干複雑になります。そのため、段落ごとにまとまっている情報をまずは理解し、その後に段落のつながりを意識する必要があります。ディスコースマーカー（→ p. 20）を意識することで、書き手の意図が把握できるようになります。特に報道の記事は、様々な視点で情報を提示するため、前後の段落の情報に反することが述べられる段落があります。話の流れが変わっていないかをよく考えて理解しましょう。また、インタビューを受けた人の発言がどのようにその段落の情報を補足するのか、文脈から判断することが必要です。

スキャニングとスキミング

長い英文を素早く読みたいときに使える速読のスキルは大きく分けて2つあります。Scanning（スキャニング）とSkimming（スキミング）です。

スキャニング

皆さんはきっと、受験の英語試験ではスキャニングのテクニックを使っていたと思います。スキャニングは、必要な情報を探し出してその周辺を拾い読みする手法です。本文より先に設問を読み、必要な情報を探すという、試験問題を解くときのスキルがこれにあたります。さて、テストでなく実生活において英文を読む場合にもスキャニングは有効です。ネイティブは比較的複雑な内容のものを読むときに、全体をざっと読んで5W1Hの情報を整理しながら拾っていきます。それらをもとに概要をつかめるからです。これもスキャニングです。例えば英語のニュース記事を読むときに、「いつの出来事か？」「誰が何をしたのか？」「今後は何が起きると思うか？」など、自分で脳内で問題を作りながら、答えとなる情報を探していけば、スキャニングの手法に沿った読解ができます。

スキミング

スキミングはアカデミックな文書やビジネス文書を読むときに非常に効果的な速読

法です。英語の文章構成の特性を活かして文章を斜め読みします。英語のパラグラフはおおむね、下記のような構成で書かれています。

＜パラグラフ内の構造＞

Topic sentence（そのパラグラフの主題を述べる文）

↓

Supporting sentences（主題の詳細を述べる複数の文）

↓

Concluding sentence（主題に関するまとめの文）

冒頭と最後に主要な論点が述べられていることから、各段落の始めと終わりをしっかり読み、他の部分はざっと読みます。これだけで、文書の大意がつかめます。かなりの長文であれば「まとめ」が複数に及ぶことがあるので、最初の段落と最後の段落を多少丁寧に、そして始めの3文と最後の3文をしっかり読みます。これで話の大枠は理解できます。

これに加えて、Besides, However, On the other handなどのディスコースマーカー（→ p. 20）に丸をつけておきましょう。文と文の論理的な関係を示すのがディスコースマーカーで、話の展開を理解するのに役立ちます。

使い分け

スキャニングはどのような文章にも有効です。5W1Hの情報をすべて把握できるように情報の拾い読みをします。スキミングはどちらかというと構成がしっかりした内容、つまり長いEメールや記事などを読むときに適しています。両方の手法を使いこなせるように練習し、適切な場面で活用して、効率良く長文を素早く読めるようにしましょう。

ビジネス文書の詳細を理解する

文章の概要をつかむためには、前述したスキャニングとスキミングが有効です。しかし当然ながら、概要だけでなく詳細を理解するため、時には丁寧に読み進める必要もあります。丁寧に情報を理解したいとき、正確に情報を捉えるためには、定型表現を覚えておくことと、前から順に情報を理解するスラッシュリーディングの手法をマスターしておくことが大切です。まずは頭の中の引き出しに、以下のカテゴリ別に頻出表現をまとめておきましょう。

ビジネス文書に頻出する表現

日本語のビジネスメールで「いつもお世話になっております」が頻繁に使われるように、英語でも定型表現がたくさんあります。これらの表現が視界に入ったら、瞬時にその表現のニュアンスや目的を理解する必要があります。例えば「～していただければ幸いです」という日本語が目に入ったら、瞬時に「～してください」のニュアンスに脳内で変換されているでしょう。1語ずつ理解するわけではなく、情報をかたまりとして捉えているはずです。同様に、英語でも文章をかたまりとしてとらえるためには、定型表現のニュアンスをイメージ化して処理できるようになる必要があります。出会った表現を自分の脳内で整理していくようにして、日頃からたくさんのものを読んでいくと、瞬時に意味が捉えられるようになります。

＜お礼の表現例＞

Thank you for ～. (～をありがとうございます)

I'd like to say a huge thanks to ～. (～に深く感謝します)

We would like to express our gratitude for ～. (～にお礼を申し上げます)

We appreciate your ～. (～に感謝しております)

Thank youは、すぐに情報処理できると思いますが、その他にもいろいろなお礼の表現があります。まずはキーワードであるthank you, thanks, gratitude, appreciateを見かけたら文書の書き手が笑顔でお礼を言っていると想像しましょう。文字どおりに考えるのではなく、感謝しているそぶりでニコッと笑った誰かを思い浮かべるほうが情報処理スピードが速いので、頭の中で映像化しながら読み進めることを重視しましょう。

＜お詫びの表現例＞

We apologize for ～.（～についてお詫び申し上げます）
We sincerely apologize for ～.（～について心よりお詫び申し上げます）
We regret to inform you that ～.（誠に残念ではありますが～であることを申し上げます）
Unfortunately, ～.（残念ながら～です）
Sorry for the inconvenience.（ご面倒をおかけして申し訳ありません）

We regret to inform you thatのregretは「後悔する」という意味ですし、Unfortunatelyは「残念ながら」という意味なので、この2つの表現が「お詫び表現である」というイメージを持っている日本人は少ないようです。しかし、これらは頻繁にお詫びの文章に登場する表現であり、ニュアンスとしては「こんなことをお伝えしなくてはいけないことに対して、心を痛めています」という感じ。つまり、お詫びの気持ちを込めた表現なのです。常に英語から日本語へ直訳していると、こういった本来のコミュニケーションの目的がぼやけてしまうことがあります。「この表現はこんな場面でよく登場する」ということに意識を向け、英語を英語として捉えていくようにしましょう。

＜依頼の表現例＞

Please ～.（～してください）
We would appreciate it if ～.（～していただけますと幸いです）
We'd like to ask you to ～.（～していただけるようお願い申し上げます）
It would be great if you could ～.（～していただけると助かります）
Would you ～? / Could you ～?（～していただけますか）

Pleaseの後にはPlease find attached the invoice.（請求書をご査収ください）といった連絡目的や次に取るべき行動が続くことが多いです。丁寧な表現ではありますが、続く内容はあくまでも命令文です。多くの日本人が「Pleaseはお伺いを立てるときにも使える丁寧表現である」と考えていますが、Pleaseは相手に選択肢を与えず「～してください」と指示しているのだと意識しましょう。その一方でWe would appreciate it if ～. は「～をしていただけませんでしょうか」とお伺いを立てるときや、「～していただけますと幸いです」と少し強めに依頼するときに使われる表現です。いずれにしても、これらの表現を目にしたら、書き手が求めている自分の行動を理解しましょう。

<トピックを知らせる表現例>

I'm writing to inform you of ～ . (～についてお知らせするためにご連絡しています)
We are happy to announce ～ . (～をお知らせできることを嬉しく思います)
We're excited to notify you of ～ . (～についてお知らせできるのを嬉しく思います)
Have you heard about ～ ? (～について知っていますか?)
Come and join us! (参加してください)

上から3つはEメールやウェブ上の告知文でよく見かける表現です。英文では多くの場合、「～を目的に書いています」と明示します。文章の冒頭でそれらの情報を見つけられれば、その先の情報を想像しやすくなります。下の2つは広告など、集客したいときによく使われる表現です。問いかけや誘いの表現はこの後に続く「何を?何に?」の情報を引き立たせます。

<再確認の表現例>

As you may know, ～ . (ご存じかもしれませんが～)
As you are probably aware, ～ . (ご存じかと思いますが～)
As mentioned before, ～ . (すでにお伝えしたとおり～)
Once again, ～ . (再度になりますが～)

これらの表現はリマインダーメールなど、通達済みのことについて再連絡するときに頻繁に見かけます。それに加えて、英語では文章の最後にまとめを述べることが多いため、前述されたことを再度伝えるのにも使われます。少々長い連絡事項の最後に、もう一度依頼事項をまとめたり、お詫びを繰り返し述べたりするときなどに見受けられます。例えば、冒頭で相手の意向に添えなかったことを説明してお詫びを述べた後、メールの最後にOnce again, we apologize for any inconvenience the change in schedule may cause.「再度になりますが、スケジュール変更によりご不便をおかけする可能性がありますことをお詫び申し上げます」といった感じで使われます。

スラッシュリーディング

情報を前から順に理解するためには、スラッシュリーディングのコツをつかみ、情報のかたまりを1つずつ脳内で処理できるようになる必要があります。

スラッシュリーディングとは、意味のかたまりごとにスラッシュを入れて英文を読むことで、前から意味を理解して読み進めるための方法です。日本人が日本語を語順どおりに理解しているのと同様に、英語のネイティブも語順に合わせて少しずつ意味を捉えています。戻り読みをしていてはスピーディーに英文を理解することができません。学校教育で主語、述語、目的語という文法用語を学ぶのは、この「意味を捉える順番」を学び、最も重要な文の要となる情報を捉えられるようになるためです。これらの文法用語が苦手な場合は、「誰が・何が」「どうした」「誰を・何を」といった基本情報を探すように意識するだけで十分です。文法用語を知らなくてもスラッシュリーディングができれば情報は理解できますので、このスキルを必ず身につけましょう。

例：

As you may be aware, new employees need to be at the auditorium all day on January 5.（ご存じかと思いますが、新入社員は1月5日、終日講堂にいる必要があります）

スラッシュを入れる場所に厳密なルールはありませんが、一般的に以下の場所で区切るとよいでしょう。

・主語と動詞の間　※「何が」「どうした」の情報を可視化できる
・目的語や補語の前後　※「何を」「誰に対して」の情報を可視化できる
・関係代名詞の前　※前の情報について「どんな」を説明する役割を担うことが多い
・前置詞の前　※付加情報がついてくることが多い
・接続詞の前　※付加情報がついてきたり、話が方向転換したりすることが多い
・カンマの後ろ　※カンマが情報の区切りとなっていることが多い
・to 不定詞の前　※「～すること」「～するための」「～するために」といった付加情報を示す

英語力が高い人ほど、より多くの単語数をひとまとまりで理解できるとされています。本書の英文の「スラッシュリーディング用の英文」ページ（本書の構成③参照

→p. 6）にあるスラッシュの区切りよりももっと大きな区切りで捉えられるよう、何度も読み返してください。

As you may be aware, / new employees / need to be at the auditorium all day / on January 5.（スラッシュ 3 カ所）

意味のかたまり
As you may be aware：再度通知の定型表現「ご存じかと思いますが」
new employees：誰が「新入社員は」
need to be at the auditorium all day：何をする「終日講堂にいる必要があります」
on January 5：いつ「1 月 5 日に」

情報の処理が速い人なら、new employees need to be at the auditorium all dayまでをひとかたまりの情報と捉えることができます。そうするとこの文のスラッシュは2カ所のみ。一方、上記よりもっと細切れにしないと解読できない人はneed to be at the auditoriumとall dayを分割する必要があります。その場合は、スラッシュが1つ増えて4カ所になります。このように、必要なスラッシュの数は人それぞれ。できるだけスラッシュの数を減らして読めるようになることを目指してください。

スラッシュリーディングはあくまでリーディングのための訓練であり、実際のビジネスでEメールやチャットを読むときにいつもスラッシュを入れているのでは時間がかかりすぎてしまいます。最終ゴールはスラッシュリーディングからの卒業だということも覚えておきましょう。

TIPS

ビジネスに必要な読解スピード

英語を読む速さや話す速さは、words per minute（wpm / 1 分あたりの語数）で測ります。ノンネイティブスピーカーは、速く話せる人でもビジネスプレゼンテーションのスピードは 150 wpm ～ 180 wpm が一般的です。ネイティブスピーカーは 180 wpm ～ 200 wpm で話していると言われています。文章を黙読できるスピード以上のペースで話すことはできないので、皆さんが 180 wpm で話すことを目指すのであれば、それ以上の速さで読めるようになる必要があります。高い英語力があると言えるのは、黙読スピードが 200 wpm 以上になってからだと考えるといいでしょう。

ご自身の読解スピードを確認するために、ウェブで自分の読むスピードと理解度を測ることができます。今の私の読むスピードは 350 wpm あたりです。これは平均的なネイティブスピーカーよりも速いですが、平均的なネイティブの大学教授は 700 wpm あたり。私の倍速で読めるということなので、私は学術界でやっていくには相当遅いです。そのため、大学や大学院でとてつもない読書の量に苦労しました。ビジネスにおいても、読むのが速いネイティブと議論するとき、情報処理スピードがこれだけ違うと当然不利になります。速読できることが「仕事がどれだけできるか」にも影響してしまうことがあるのです。もちろん正確さを重視することも必要ですが、それよりも英文を理解するスピードを上げることを日頃から意識して、戻り読みをせず情報処理をする訓練を行うことをお勧めします。

自分の読むスピードを無料で測れるウェブサイトの一例（2022 年 2 月現在）

Speed Reading Test

http://www.readingsoft.com/

話の流れを示すつなぎ言葉「ディスコースマーカー」

ビジネス文書ではできるだけロジカルに物事を伝える配慮がされています。また、広告などでは読み手の感情を動かすために、あえて情報を対比させて提示していることもあります。ロジカルに物事を伝えたり、感情を動かしたりするために使われるのが、接続詞や接続副詞。これらを英語では「ディスコースマーカー」と呼びます。日本語では聞き慣れませんが、「談話標識」と訳されます。「標識」なので、話の方向性を示す表現が含まれます。英語では日本語以上にディスコースマーカーが文章構成に必要不可欠とされ、非常によく目にします。前後の文との関係を示すディスコースマーカーに着目して文章を読むことで、素早く的確に文章を理解することができます。以下の一覧のキーワードに注目しましょう。

Track 1

用途	ディスコースマーカー	使用場所	例文
並列	and （それに）	文頭 □ 文中 ☑	**I already made copies of the handouts, and I printed out the attendee list.** もう配布物をコピーしましたし、それに参加者一覧も印刷済みです。
	Additionally, （それに）	文頭 ☑ 文中 □	**I have to talk to Mr. White about the project schedule. Additionally, I need to reconsider the budget.** White 氏とプロジェクト予定について話す必要があります。それに予算についても再考しないといけません。
	Moreover, （それに）	文頭 ☑ 文中 □	**The focus group said they want more color options for our products. Moreover, the survey shows that some people bought products from our competitors because of their color options.** フォーカスグループは弊社の商品にもっと色の選択肢がほしいと述べました。それにアンケートでは一部の人が、商品のカラーバリエーションが理由で競合他社の商品を買ったことを示しています。

	Besides, （それに）	文頭 ☑ 文中 □	**Come on, let's go for a drink tonight. The report you're working on won't take long.** Besides, **it's not due until Friday.** ほら、今日の夜、飲みに行きましょう。取り組んでいるレポートはそんなに時間がかかりませんよ。それに金曜まで期限がありますし。
	Furthermore, （それに）	文頭 ☑ 文中 □	**Our online sales look good.** Furthermore, **our flagship store is doing great.** オンライン売上が良さそうですね。それに、旗艦店もかなり成果を出しています。
理由	Because （～なので）	文頭 ☑ 文中 ☑	**We should bring extra catalogs** because **we might have walk-ins.** Because **we might have walk-ins, we should bring extra catalogs.** 飛び入りの参加者もいるかもしれないので、余分にカタログを持っていくべきです。
	As （～なので）	文頭 ☑ 文中 ☑	**Bring something warm to wear** as **our venue is outside.** As **our venue is outside, bring something warm to wear.** 屋外の会場なので、暖かい服を持ってきてください。
	Since （～なので）	文頭 ☑ 文中 ☑	**I've reserved seats for six** since **John might make it.** Since **John might make it, I've reserved seats for six.** John が来るかもしれないので、6 名で予約しました。
逆接	but （～だが）	文頭 □ 文中 ☑	**I wanted to take a day off today,** but **I had to come in to the office.** 今日はお休みをいただきたかったのですが、出社する必要がありました。
	However, （しかし）	文頭 ☑ 文中 □	**Our sales have decreased.** However, **our profit hasn't changed much.** 私たちの売り上げは減少しました。しかし、利益はほとんど変わっていません。

	Nevertheless, （しかし）	文頭 ☑ 文中 □	**We're still waiting for ABC Company to get back to us.** Nevertheless, **I believe we can start preparing the contract.** ABC Company から連絡が来るのをまだ待っているところです。しかし、契約書の準備を始めてよいと思います。
	Although （～だが） ※ but は前の文節を修飾するが、although は後ろの文節を修飾する。	文頭 ☑ 文中 ☑	**I didn't get a bonus** although **our sales increased significantly.** Although **our sales increased significantly, I didn't get a bonus.** 売り上げは大幅に増加したのだが、私はボーナスをもらえなかった。
	Though （～だが） ※ but は前の文節を修飾するが、though は後ろの文節を修飾する。	文頭 ☑ 文中 ☑	**I believe ABC Company will accept our offer** though **we haven't gotten a reply.** Though **we haven't gotten a reply, I believe ABC Company will accept our offer.** まだ返事をもらっていませんが、ABC Company は私たちのオファーを受けると思います。
結果	so （だから）	文頭 □ 文中 ☑	**It's going to rain tomorrow,** so **we need to postpone the barbecue.** 明日は雨なので、バーベキューを延期する必要があります。
	Therefore, （したがって）	文頭 ☑ 文中 □	**We have many new employees.** Therefore, **we will offer training sessions in three different groups.** たくさん新入社員がいます。したがって研修を 3 つの別々のグループで行います。
	Thus, （したがって）	文頭 ☑ 文中 □	**We have some new employees working from home.** Thus, **we should offer online training sessions.** 在宅勤務をしている新入社員が数名います。したがってオンライン研修を提供すべきです。

	Hence, (したがって)	文頭 ☑ 文中 ☐	**The Talent Development Team is too busy.** Hence, **we need to outsource the employee training.** 人材開発チームは忙しすぎます。したがって社員研修は外注する必要があります。
	As a result, (そのため)	文頭 ☑ 文中 ☐	**The training was well-received.** As a result, **we're offering the training again in spring.** 研修は好評でした。そのため、春にまたその研修を提供します。
	Accordingly, (したがって)	文頭 ☑ 文中 ☐	**The change in exchange rate is affecting the import fees significantly.** Accordingly, **the company has decided to raise its product prices.** 為替レートの変動が輸入価格に大きく影響しています。したがってその企業は商品価格の値上げを決めました。
	Consequently, (したがって)	文頭 ☑ 文中 ☐	**We need to hire more engineers.** Consequently, **we need a bigger HR budget.** さらにエンジニアを雇う必要があります。したがって、もっと人事予算が必要です。
対比	Whereas (その一方で)	文頭 ☑ 文中 ☑	**I don't mind changing jobs frequently** whereas **Tim wants a stable job.** Whereas **I don't mind changing jobs frequently, Tim wants a stable job.** 私は頻繁に仕事を変えることは気になりません。その一方でTimは安定した仕事を求めています。
	While (〜ですが)	文頭 ☑ 文中 ☐	While **I understand Tim's ideas, I disagree with him.** Timの考えはわかりますが、私は彼には同意しません。
	On the other hand, (その一方で)	文頭 ☑ 文中 ☐	**The Service Team is struggling this year.** On the other hand, **the Product Team is doing well.** サービス事業部は今年度は苦戦しています。その一方で、商品チームは好調です。

	On the contrary, (反対に)	文頭 ☑ 文中 □	**The management isn't sure whether this project would go well.** On the contrary, **our team members are very optimistic.** 経営陣はこのプロジェクトがうまくいくか、確信を持っていません。反対に、私たちのチームメンバーはとても楽観的です。
	Alternatively, (または、代わりに)	文頭 ☑ 文中 □	**You can take the Red Line to ABC Corporation.** Alternatively, **you can take the Blue Line from Central Station.** (ここから) ABC Corporation まではレッドライン (の電車) で行けます。またはセントラル駅からブルーラインで行くこともできます。
条件	If (～だったら)	文頭 ☑ 文中 ☑	**We'll need a bigger room** if **more people register for the event.** If **more people register for the event, we'll need a bigger room.** さらに多くの人がイベントの参加登録をしたら、より大きな部屋が必要です。
	Even if (～だとしても)	文頭 ☑ 文中 ☑	**I want to accept the job offer** even if **it requires a pay cut.** Even if **it requires a pay cut, I want to accept the job offer.** 給与が下がるとしても、その仕事を受けたいと思っています。
	When (～したら)	文頭 ☑ 文中 ☑	**We'll set up the tables outside** when **it stops raining.** When **it stops raining, we'll set up the tables outside.** 雨がやんだら外にテーブルを設営します。
	Whether (～かどうか)	文頭 ☑ 文中 ☑	**The project schedule will determine** whether **we'll hire more people.** Whether **we'll hire more people will depend on the project schedule.** 雇用を増やすかどうかはプロジェクトスケジュールによります。

	Otherwise (～でなければ)	文頭 ☑ 文中 ☑	**We have to ask for some help because we would** otherwise **not finish the project on time.** **We have to ask for some help.** Otherwise**, we won't finish the project on time.** 応援を頼む必要があります。そうでなければプロジェクトを期限どおりに終わらせることができません。
	Unless (～でなければ)	文頭 ☑ 文中 ☑	**We can't proceed with the plan** unless **James agrees.** Unless **James agrees, we can't proceed with the plan.** James が同意しなければ、計画を進めることができません。
	Once (～したらすぐ)	文頭 ☑ 文中 ☑	**We can continue the project** once **James approves the plan.** Once **James approves the plan, we can continue the project.** James がその計画を承認したら、すぐにプロジェクトを継続できます。

Eメールの読み方

Track 2

To: kando@pgmail.com
From: i-garcia@llabfuture.com
Date: June 4
Subject: Your call on June 2
Gift Certificate

Dear Ms. Ando,

Thank you for your conversation with our representative Marc on June 2 regarding your newly purchased 128GB USB Flash Drive. We understand that it was malfunctioning and you've had to purchase another product from our competitor. We sincerely apologize for the inconvenience caused to you. If you have not already done so, please discard the flash drive at your earliest convenience. There is no need to send it back to us.

Please find attached a store credit in the exact amount of your purchase. We hope you will give us a second chance and use the credit to purchase another product of ours. You can use it at our online store during the checkout process. Kindly note that we are having our semi-annual sale until June 15. You will see deals up to 70% off retail price on select items.

Once again, we appreciate your taking the time to give us valuable feedback.

Sincerely,
Isaac Garcia

Issac Garcia
Customer Service Representative
LLab Future System
1800 Rose Ave., Sunnyvale, CA 94089
Phone: 1-800-555-1212
Visit our website: https://www.llab-tech.inc

LLab Future System社のカスタマーサービス担当者であるIssac Garciaが、自社製品を購入した顧客のAndo氏に宛てたメールです。不具合のあった製品に関する対応について述べられています。

訳

宛先：　kando@pgmail.com
差出人：i-garcia@llabfuture.com
日付：　6月4日
件名：　6月2日にいただいたお電話につきまして
商品券

Ando 様

新しくご購入いただいた128GBのUSBフラッシュドライブについて、6月2日に弊社の販売員のMarcとお話しいただきありがとうございました。その製品が不良品であり、他の製品を競合他社からご購入しなければならなかったこと、理解いたしました。お客様にご不便をおかけしてしまったことを心よりお詫び申し上げます。まだフラッシュドライブをお捨てになっていないようでしたら、お手すきの際に処分をお願いいたします。弊社にご返送いただく必要はございません。

ご購入いただいた金額とちょうど同額のストアクレジットを添付いたしましたので、ご確認ください。再び機会をいただき、他の製品を、クレジットを使ってご購入いただけることを願っております。クレジットはオンラインストアにて、精算時にお使いいただくことができます。6月15日まで、年に2回のセールを開催していることをお知らせいたします。厳選した製品が最大70%割引で販売中であることをご確認いただけます。

改めまして、私共にお時間をいただき貴重なフィードバックをくださったことに感謝いたします。

敬具
Isaac Garcia
―――――――――――――――――
Isaac Garcia
カスタマーサービス担当
LLab Future System
1800ローズ通り、サニーベール、カリフォルニア州94089
電話：1-800-555-1212
ウェブサイトをご覧ください：https://www.llab-tech.inc

スラッシュリーディング用の英文

日付と件名は非常に重要です。必ずしっかりと目を通すようにしてください。

会社のメールの場合は、ドメインからその人の所属がわかる場合が多いです。

To: kando@pgmail.com
From: i-garcia@llabfuture.com
Date: June 4
Subject: Your call on June 2
Gift Certificate

添付ファイルの名前も重要なヒントになります。

Dear Ms. Ando,

宛先の人物への挨拶です。

①Thank you for your conversation / with our representative Marc / on June 2 / regarding your newly purchased 128GB USB Flash Drive. / ②We understand / that it was malfunctioning / and you've had to purchase another product / from our competitor. / ③We sincerely apologize / for the inconvenience / caused to you. / ④If you have not already done so, / please discard the flash drive / at your earliest convenience. / ⑤There is no need / to send it back to us.

冒頭には連絡の目的に関する背景情報や、簡単な挨拶文があることが多いです。

お詫びのメールであることがわかります。

⑥Please find attached a store credit / in the exact amount / of your purchase. / ⑦We hope / you will give us a second chance / and use the credit / to purchase another product / of ours. / ⑧ You can use it / at our online store / during the checkout process. / ⑨Kindly note / that we are having our semi-annual sale / until June 15. / ⑩You will see deals / up to 70% off retail price / on select items.

段落の最後には依頼事項が書かれています。

段落冒頭には次のトピック(返金方法)を紹介する内容があります。

⑪Once again, / we appreciate your taking the time / to give us valuable feedback.

最後の締めの文には冒頭で述べられたことなどを再び述べる表現があります。

Sincerely,
Isaac Garcia

Issac Garcia
Customer Service Representative
LLab Future System
1800 Rose Ave., Sunnyvale, CA 94089
Phone: 1-800-555-1212
Visit our website: https://www.llab-tech.inc

その人物の肩書がわかります。

英文メールでは必ず結びの言葉があり、ビジネスEメールではSincerelyやBest regardsが一般的です。

語句・読解のポイント

①

Thank you for your conversation 会話をしてくださってありがとうございます

with our representative Marc 弊社の担当者の Marc と

on June 2 6月2日に

regarding your newly purchased 128GB USB Flash Drive.

あなたが新しく購入した 128GB の USB フラッシュドライブに関して

語句

- □ **representative** 担当者
- □ **regarding** ～に関して
- □ **newly** 新しく
- □ **purchased** 購入された

読解のポイント

- Thank you for は、本来であればスラッシュを入れる位置は前置詞の for の前になりますが、ここでは your conversation の後ろまでを一区切りにしています。頻出するフレーズに関しては意味のかたまりを優先して考えましょう。Thank you for の後ろには名詞や動名詞が続きます。
- representative は「代表者」「担当者」という意味の名詞です。sales representative は「販売員」という意味で、ビジネスの文書に頻出します。
- 前置詞の regarding は「～に関して」という意味で使われます。類義語（句）に、concerning、in regard to、with regard to などがあり、いずれもフォーマルな印象を与えます。「～について」というカジュアルな意味で about や on などに置き換えることも可能です。

②

We understand 私たちは理解している

that it was malfunctioning それが正常に機能していなかったことを

and you've had to purchase another product

そしてあなたは他の製品を購入しなければならなかった

from our competitor. 弊社の競合他社から

語句

☐ **malfunction**　正常に機能しない　☐ **competitor**　競合他社
☐ **have to *do***　～しなければいけない

読解のポイント

- 接続詞の that の後ろには、主語＋動詞＋ α の形で、that の前に述べられていることに関する「丁寧な説明」が続きます。ここでは「何を理解したのか」を it was malfunctioning が説明しています。
- you've had to *do* は you have had to *do*「あなたはしなければならなかった」という現在完了形の表現です。
- purchase はここでは「～を購入する」という意味の動詞ですが、可算名詞「購入品」、不可算名詞「購入」としての使い方も頻出です。
- competitor「競合他社」は、派生語の形容詞 competitive「競争力のある」、副詞 competitively「対抗意識を持って」も一緒に押さえておくとよいでしょう。

③

We sincerely apologize　私たちは心からお詫びする
for the inconvenience　不都合に対して
caused to you.　あなたに起きた

語句

☐ **sincerely**　心から　☐ **inconvenience**　不都合
☐ **apologize**　お詫びする

読解のポイント

- apologize は「お詫びする」という意味の自動詞です。apologize for は「(物事) に対してお詫びする」、apologize to は「(人) に対してお詫びする」という意味になります。for と to を使い分けることに注意してください。
- sincerely はその後に続く動詞を強調します。sincerely appreciate「心から感謝する」や sincerely hope「心から願う」のように、感情を示す単語をよく伴います。

④

If you have not already done so, もしあなたがまだそれをしていないのならば

please discard the flash drive フラッシュドライブを捨ててください

at your earliest convenience. あなたの都合がつき次第

語句

□ **discard** ～を捨てる　□ **earliest convenience** 都合がつき次第

□ **flash drive** フラッシュドライブ（USB メモリ）

読解のポイント

- so「それ」は please 以降の内容を指していますので、「もしフラッシュドライブを捨てていなければ」という意味です。
- at your earliest convenience「あなたの都合がつき次第」は決まり文句として覚えておきましょう。

⑤

There is no need 必要はない

to send it back to us. それを私たちに返送する

語句

□ **no need** 不要である　□ **send A back to B** A を B に返送する

読解のポイント

- There is no need to *do* は「～する必要がない」という意味の定型表現です。同義表現に It is unnecessary to *do* があります。

⑥

Please find attached a store credit 添付のストアクレジットをご確認ください

in the exact amount 正確な金額の

of your purchase. あなたの購入品の

語句

□ **attached** 添付されている

☐ **store credit**　ストアクレジット（現金の代わりに客に渡すクーポンのようなもの）

☐ **amount**　金額

読解のポイント

- Please find attached a store credit は、本来であれば Please find a store credit attached となります。attached は形容詞なので名詞を直前か直後から修飾するのが普通ですが、ここでは冠詞の前に attached を出し、添付されていることを強調しています。E メールでは頻繁に使われる表現で、日本語の「ご査収ください」のようなニュアンスです。
- the exact amount of your purchase「あなたの購入品の正確な金額」にある of は「補足」を表しています。the exact amount「正確な金額」→ of（何の金額のことを言っているのかというと）→ your purchase「あなたの購入品」とまったく同じ額の金額ですよ、ということです。

⑦

We hope　私たちは願う

you will give us a second chance　あなたが私たちに再び機会を与えてくれることを

and use the credit　そしてクレジットを使うことを

to purchase another product　他の製品を買うために

of ours.　私たちの

語句

☐ **second chance**　再度の機会

読解のポイント

- We hope の後ろに you will ～と丁寧な説明が続く構文。ここでは that が省略されています。
- この credit「クレジット」は⑥に出てきた store credit「ストアクレジット」のことです。ビジネス文書では前に出てきた単語の省略形が続くことが多いので、同じ単語を見つけたら、前に出てきた語を指しているかどうか、文脈から判断しましょう。

⑧

You can use it あなたはそれを使うことができる

at our online store 私たちのオンラインストアで

during the checkout process. 精算をする過程において

語句

□ **checkout process** （買い物の）精算をする過程

読解のポイント

- 前置詞の at は「点」を表します。at our online store は「私たちのオンラインストアで」という「地点」を表し、at 9:00 A.M.「午前 9 時に」であれば「時点」を表します。「～で」を意味する場合、地域を示すときには in Tokyo のように in が使われ、地点を示すときには at the office のように at が使われることにも留意しましょう。

⑨

Kindly note ご承知おきください

that we are having our semi-annual sale

私たちは年に 2 回のセールを開催していることを

until June 15. 6 月 15 日まで

語句

□ **kindly note that** ご承知おきください　　□ **semi-annual** 年に 2 回の

読解のポイント

- Kindly note that「ご承知おきください」は Please note that とほぼ同義でよく使われます。kindly のほうが若干フォーマルな印象になります。
- annual は「年に 1 回の」という意味の形容詞で、semi-annual は「年に 2 回の」という意味。
- until は「～まで（ずっと）」という意味の前置詞です。同義語に till があります。

⑩

You will see deals あなたはお買い得品を見つけるでしょう

up to 70% off retail price 小売価格の最大 70% オフの

on select items. 厳選した製品の

語句

□ **deal** お買い得品
□ **retail price** 小売価格
□ **up to** 最大で
□ **select** 厳選した

読解のポイント

- up to はここでは「最大で」という意味を表します。up to ～ % の他、up to ～ dollars off「最大～ドルオフ」のように使われます。up to には他に「～次第」という意味もありますので、文脈から判断してください。Decisions regarding the changes in the discount rate are up to store managers. は「割引率の変更に関する判断は各店舗のマネージャー次第です」という意味。日常会話では、「どこで食事したい？」と聞かれて It's up to you.「あなた次第です（判断を任せます）」のように使います。
- select「厳選した」はここでは形容詞として使われていますが、「～を選択する」という他動詞としてもよく使われます。

⑪

Once again, 改めまして

we appreciate your taking the time

私たちはあなたのお時間をいただいたことに感謝します

to give us valuable feedback. 私たちに貴重なフィードバックをするために

語句

□ **appreciate** ～を感謝する
□ **valuable** 貴重な
□ **take the time** 時間を取る

読解のポイント

- once again「改めまして」はメールや手紙の締めの文でよく使われます。
- appreciate「～を感謝する」は、他に「～を評価する」と「（映画など）を鑑賞する」

という意味でも使われますので、文脈から判断しましょう。

例：

I appreciate this artist's painting.（私はこのアーティストの絵画を評価します）

I went to the museum to appreciate some artwork.（芸術作品を鑑賞するために美術館へ行きました）

- your taking the time「あなたのお時間をいただいたこと」は、taking the timeという動名詞から始まる名詞句に代名詞の所有格がついた形です。

この英文を読んだ後、どのような行動に移るべきか

この文書では2つの「依頼」を受けています。第1段落ではIf you have not already done so, please discard the flash drive at your earliest convenience.「まだフラッシュドライブをお捨てになっていないようでしたら、お手すきの際に処分をお願いします」と言われているので、まずは不良品の処分を行いましょう。

第2段落ではYou can use it (a store credit) at our online store during the checkout process.「ストアクレジットはオンラインストアにて、精算時にお使いいただけます」と述べられており、6月15日までセールを開催中だと補足されています。せっかくセールについて連絡を受けたので、オンラインストアを確認し、ストアクレジットを使って買い物をしましょう。ちなみにストアクレジットは現金ではないので、この店でしか使えません。

チャットメッセージの読み方

Track 3

Tony Wang (9:09 A.M.)
Sorry to bother you on your day off. Do you know where the applicant files are on the server? Mike is sick and I have to take over interviewing this afternoon. I need to take a look at the applicant files beforehand, but I don't know where they are.

Jenn Bryant (9:12 A.M.)
In the "Applicants" folder, you'll see "Marketing." Within that, you'll see the "In Progress" folder. Look in there and find the applicants' names. The search feature usually works. You have the list of interviewees, right?

Tony Wang (9:13 A.M.)
Yes, Kate sent me a calendar invite and I see the applicant names there. It seems like I don't have access to the folder though.

Jenn Bryant (9:15 A.M.)
Sarah should be able to give you access, but she usually comes in at 10. If you're in a hurry, it might be easier to ask Jessica to print the files out for you. Also, just a friendly reminder that the paper shredder on our floor is broken. You'll have to use the one on the third floor when you're done with the printouts.

Tony Wang (9:16 A.M.)
OK, thanks. I'll figure it out. What would I do without you? Enjoy your day at the beach!

Tony Wang は朝から職場で困りごとに直面しています。休みを取っている同僚のJenn Bryantに助けを求めているチャットメッセージです。

訳

Tony Wang（午前 9 時 9 分）
お休みの日に申し訳ありません。サーバーのどこに応募者のファイルがあるかわかりますか？　Mike が体調不良なので、午後の面接を引き継がないといけないんです。事前に応募者のファイルに目を通す必要があるんですが、それらがどこにあるのかわからなくて。

Jenn Bryant（午前 9 時 12 分）
「応募者」フォルダーの中にある「マーケティング」を見てください。その中に、「進行中」というフォルダーがあるはずです。その中を見ていただき、応募者の名前を見つけてください。通常なら検索機能が使えるはずです。面接を受ける方々のリストを持っていますよね。

Tony Wang（午前 9 時 13 分）
はい、Kate がカレンダーの招待状を送ってくれて、そこに応募者の方々の名前が載っています。私にはフォルダーへのアクセス権がないようですが。

Jenn Bryant（午前 9 時 15 分）
Sarah があなたにアクセス権を付与できますが、彼女はいつも 10 時に出社するんです。もし急ぎなら、Jessica にお願いしてファイルを印刷してもらうようにしたほうがいいかもしれません。それと、念のためですが、うちのフロアにあるシュレッダーは故障しています。用が済んだら 3 階にあるシュレッダーを使って（破棄して）ください。

Tony Wang（午前 9 時 16 分）
わかりました、ありがとう。理解しました。あなたがいなくては何もできません。浜辺での1日を楽しんでくださいね。

スラッシュリーディング用の英文

話し手の名前とそのメッセージが書き込まれた時刻です。ビジネスでチャットメッセージを使うのは、短いやり取りをすぐにしたいから。あまり時間を空けての返信となるとチャットの意味をなしません。できるだけ早く回答できるように心がけたいですね。

Tony Wang (9:09 A.M.)
①Sorry / to bother you / on your day off. / ②Do you know / where the applicant files are / on the server? / ③Mike is sick / and I have to take over interviewing / this afternoon. / ④I need to take a look at the applicant files beforehand, / but I don't know / where they are.

Jenn Bryant (9:12 A.M.)
⑤In the "Applicants" folder, / you'll see "Marketing." / ⑥Within that, / you'll see the "In Progress" folder. / ⑦Look in there / and find the applicants' names. / ⑧The search feature usually works. / ⑨You have the list / of interviewees, / right?

Tony Wang (9:13 A.M.)
⑩Yes, Kate sent me a calendar invite / and I see the applicant names / there. / ⑪It seems like / I don't have access / to the folder / though.

Jenn Bryant (9:15 A.M.)
⑫Sarah should be able to give you access, / but she usually comes in / at 10. / ⑬If you're in a hurry, / it might be easier / to ask Jessica / to print the files out / for you. / ⑭Also, just a friendly reminder / that the paper shredder / on our floor / is broken. / ⑮You'll have to use the one / on the third floor / when you're done with the printouts.

Tony Wang (9:16 A.M.)
⑯OK, thanks. / ⑰I'll figure it out. / ⑱What would I do / without you? / ⑲Enjoy your day / at the beach!

このやり取りには出てきていませんが、チャットメッセージにはOMW (=on my way)といった省略形の表現が出てくることもあります。Chapter 2にいくつか出てきますので、よく使われる表現も覚えておきましょう。

語句・読解のポイント

Tony Wang (9:09 A.M.)

①

Sorry　申し訳ない
to bother you　迷惑をかけて
on your day off.　あなたの休日に

語句

☐ **bother**　～に迷惑をかける　　☐ **day off**　休日

読解のポイント

- 不定詞は「足りない情報を補う」場合に使うことができます。Sorry「申し訳ない」とまず相手に伝え、「何が申し訳ないのか」の内容を、不定詞を使って説明しています。Sorry to bother you. は口語では「お取り込み中のところすみません」といったニュアンスでも使えます。
- one's day off で「～の休日」という意味になります。

②

Do you know　あなたは知っていますか
where the applicant files are　どこに応募者のファイルがあるのかを
on the server?　サーバー上の

語句

☐ **applicant**　応募者

読解のポイント

- know「～を知っている」の目的語となっているのが where ～ server までの節です。この節は名詞のかたまり（名詞節）で、このように疑問詞から始まる節が動詞の目的語となっている文のことを間接疑問文と言います。読むときには理解できても、自分で間接疑問文を作るときには be 動詞の位置を間違えてしまう人が多いので、この文を口に出して練習してみましょう。

③

Mike is sick Mike は体調不良だ

and I have to take over interviewing そして私は面接を引き継がなければならない

this afternoon. 今日の午後

語句

□ **take over** 〜を引き継ぐ　□ **interview** 面接する

読解のポイント

- 接続詞の and は、ここでは 2 つの節をつないでいます。and はカジュアルな文で多用され、この場合は so「だから」の意味で使われています。

④

I need to take a look at the applicant files beforehand,

私は事前に応募者のファイルに目を通す必要がある

but I don't know しかし私は知らない

where they are. それがどこにあるのか

語句

□ **take a look at** 〜を見る　□ **beforehand** 事前に

読解のポイント

- beforehand「事前に」は副詞です。副詞は様々な場所に置くことができますが、ここでは文の最後に置いて「いつ」私がファイルに目を通さなければならないのかという説明を加えています。
- where they are は know の目的語です。ここでも間接疑問文が使われています。

Jenn Bryant (9:12 A.M.)

⑤

In the "Applicants" folder, 「応募者」フォルダーの中に

you'll see "Marketing." あなたは「マーケティング」を見つける

読解のポイント

- "Marketing" についている「"」は「クオテーションマーク」で、日本語では「引用符」と呼ばれます。この記号は誰かの発言や引用を表します。ここではファイル名を示していますので、ファイルは Applicants > Marketing > In Progress の階層にあることがわかります。

⑥

Within that, その中に
you'll see the "In Progress" folder. あなたは「進行中」というフォルダーを見つける

語句

- □ **within** ～の中に
- □ **in progress** 進行中

⑦

Look in there その中を見てください
and find the applicants' names. そして応募者の名前を見つけてください

読解のポイント

- there「そこに」は副詞ですが、look in there「その中を見てください」のように前に前置詞が置かれる場合があります。
- the applicants' は「その応募者たちの」という意味。単数の the applicant's「その応募者の」とは違って、アポストロフィが s の後ろにあるのは、「複数形の s がついている単語の後に再度 's をつけることはしない」という、英文の書き方に関するルールがあるためです。

⑧

The search feature usually works. 通常は検索機能が使える

語句

- □ **search feature** 検索機能
- □ **work** 機能する

読解のポイント

- work は「機能する」「効き目がある」そして「うまくいく」などのような意味で使われます。ここでは「検索機能を使うといいよ」という間接的な提案として理解するとよいでしょう。
- usually「普通」のような頻度を表す副詞は通常、一般動詞の前および be 動詞の後ろに置かれます。

⑨

You have the list あなたはリストを持っている
of interviewees, 面接を受ける人たちの
right? ですよね

語句

□ **interviewee** 面接を受ける人　□ **right?** ～ですよね

読解のポイント

- 文末の right? は「～ですよね」という意味を表します。この文は You have the list of interviewees, don't you? に書き換えることも可能ですが、don't you? と質問すると、リストを持っているに違いないという感じがより一層強くなります。これは You do have the list.「確実にリストを持っている」の対比として don't you が使われるので、リストを持っていることが強調されるためです。

Tony Wang (9:13 A.M.)

⑩

Yes, Kate sent me a calendar invite はい、Kate が私にカレンダーの招待状を送った
and I see the applicant names そして私は応募者の名前を見る
there. そこで

語句

□ **calendar invite** カレンダーの招待状

読解のポイント

- calendar invite「カレンダーの招待状」とは、Google カレンダーのようにパソコン上で他の人と共有できるカレンダー上で、他の誰かを何かのイベントに招待することができる機能のことを指します。

⑪

It seems like それは～のようだ

I don't have access 私にはアクセス権がない

to the folder フォルダーへの

though. だけれども

語句

☐ **have access to** ～へのアクセス権がある

☐ **though** ～だけれども

読解のポイント

- seem like「～のようだ」の後ろには名詞（節）が続きます。
- access「アクセス権」は不可算名詞です。
- though「～だけれども」は、ここでは文末に置かれ、動詞の内容に意味を加えています。文頭に But をつけて But it seems like I don't have access to the folder. としても同じ意味になります。（but は接続詞であるため、正式な文書では文頭には使えませんが、口語や口語に近いメッセージのやりとりでは文頭で接続詞が使われることがあります）

Jenn Bryant (9:15 A.M.)

⑫

Sarah should be able to give you access,

Sarah があなたにアクセス権を付与できるはずだ

but she usually comes in しかし彼女は普通来る

at 10. 10 時に

語句

□ **should** 〜するはずだ　□ **come in** 来る

読解のポイント

- ここでの should の用法は「〜するべきだ」ではなく、「〜するはずだ」の意味です。should be able to *do* は「〜できるはずだ」を表します。よく見かける表現ですので、このまま覚えておくといいでしょう。

⑬

If you're in a hurry, もしあなたが急いでいるのなら
it might be easier それはより易しいだろう
to ask Jessica Jessica に頼むほうが
to print the files out ファイルを印刷すること
for you. あなたのために

語句

□ **be in a hurry** 急いでいる　□ **print 〜 out** 〜を印刷する

読解のポイント

- it might be easier「そのほうが簡単かもしれない」は「そうしたほうがよいかもしれない」というニュアンスで、提案表現としてよく使われます。It might be easier to take the Yamanote Line. は「山手線を使ったほうがいいと思うよ」という意味の間接的な提案です。
- ask 人 to *do*「人に〜するよう頼む」と同じパターンで使われる動詞はいくつかありますが、頻出のものとして tell 人 to *do*「人に〜するように話す」や get 人 to *do*「人に〜してもらう」などがあります。tell と get よりも ask のほうが丁寧な表現です。

⑭

Also, just a friendly reminder また、念のためですが
that the paper shredder シュレッダー
on our floor 私たちのフロアにあるもの

is broken. 故障している

語句

☐ **just a friendly reminder** 念のためですが

☐ **paper shredder** シュレッダー

読解のポイント

- ここで使われている接続詞のthatは「丁寧に導く」機能を持っています。just a friendly reminder「念のためですが」と述べ、「何の話をしているのか」というと、「シュレッダーが故障しているんです」という重要な話を伝える前置きとしてthatが機能しています。
- just a friendly reminderは、相手に何かを認識してほしいときに相手を立てることができる表現です。This is a reminder that the paper shredder is broken.は「シュレッダーが壊れていることを再度ご認識ください」というニュアンスですが、friendly reminderだと印象が和らいで「念のため言いますが…」という感じになります。

⑮

You'll have to use the one あなたはそれを使わなければならない

on the third floor 3階にあるものを

when you're done with the printouts. 印刷物を使い終わった後は

語句

☐ **be done with** ～が用済みになる　☐ **printout** 印刷物

読解のポイント

- 冒頭のoneはシュレッダーのことを指しています。printout「印刷物」を使い終わったらしなければならないこと、つまり「印刷物をシュレッダ　にかける」ことに言及しています。

Tony Wang (9:16 A.M.)

⑯

OK, thanks. わかりました、ありがとう

⑰

I'll figure it out. 私はそれを理解するだろう

語句

☐ **figure out** ～を理解する

読解のポイント

- figure out は「～を理解する」という意味ですが、目的語が代名詞の場合には figure it out「それを理解する」のように figure と out の間に代名詞を挟んで表現します。直訳は「理解する」ですが、試行錯誤しながら最終的に何かを成し遂げるといったニュアンスがあるところが understand「理解する」と異なる点です。

⑱

What would I do 私は何をするだろう
without you? あなたなしで

語句

☐ **without** ～なしで

読解のポイント

- What would I do without you? は、直訳すると「あなたなしで私は何をするのだろう」になりますが、これはつまり「あなたがいなくては何もできません」という意味。いろいろと世話をしてくれる人に対してお礼を述べるときや、離れたくない大切な人に対して愛情を伝えるときなど、使用場面がいろいろとあります。

⑲

Enjoy your day　あなたの日を楽しんで

at the beach!　浜辺で

読解のポイント

- 冒頭で、Tony Wang は Jenn Bryant に対して Sorry to bother you on your day off.「お休みの日に申し訳ありません」と述べています。最後のこの文でも「浜辺での１日を楽しんでくださいね」と述べていることから、Jenn が休みの日に海へ行くと聞いていたことが示唆されており、Thanks, bye! よりもパーソナルなメッセージになっています。誰でも相手が自分の言ったことを覚えていてくれると嬉しいものです。このような一言は、ビジネスにおいて人間関係を良好に保つために重要な役割を担います。

この英文を読んだ後、どのような行動に移るべきか

あなたがTony Wangの立場だったらどうすべきか、理解できましたか。

まず、書類は急ぎで必要かどうかを確認しましょう。

Yes　→　Jessicaに印刷を依頼。書類を使い終わったら3階のシュレッダーにかける。

No　→　10時以降にSarahにアクセス権を付与してもらい、「応募者」フォルダー内の「マーケティング」>「進行中」フォルダーで応募者の名前を検索する。

広告の読み方

Track 4

Get a Business Grant for Your Startup

Are you running a startup company?
Are you a small business owner with great ideas but a lack of funding?
Are you feeling financial anxiety?

You might be able to pursue your dreams, worry-free, by receiving grants to fund your business! While it may not be easy, many startups successfully secure free money by looking in the right place and submitting a convincing application.

Who are we?
Celina Consulting Group offers advisory and consulting services to small businesses looking for grants. We have been supporting a variety of entrepreneurs over the past decade, and have had a particularly high rate of success supporting green businesses and minority-owned businesses.

How can we help you?
We offer support by identifying funding sources available to you. After our free consultation, we will check our up-to-date list of available grants organized by business type and get back to you within 3 days. We help clients understand the criteria for a successful application and help write funding applications. Clients can choose to let us manage the entire administration process. Grant fraud is a serious crime. We inform successful clients of all financial, administrative and legal obligations that come with the grant and make sure grant recipients stay out of trouble.

Interested?
Get your free consultation today by calling us or by visiting our website! Let us submit a complete and compelling grant proposal for you while you focus on what you do best.

Celina Consulting Group
7273 Bellemont Street, Denver, CO 80033
Phone: 1-800-123-5555
https://www.celina-cg.com/grants

起業家や中小企業の経営者に向けたCelina Consulting Groupの広告です。この企業は助成金申請の手続き支援を行っており、ここでは自社のサービス内容および、どのような企業の支援が得意かが述べられています。

訳

スタートアップ企業のためのビジネス用助成金を得ましょう

あなたはスタートアップ企業を経営していますか。
あなたは中小企業のオーナーで、素晴らしいアイディアがあるにもかかわらず資金不足ではありませんか。
あなたは財務面の懸念がありませんか。

あなたの会社に資金を投入するための助成金を受け取ることによって、懸念を一切抱くことなく、あなたはご自身の夢を追い求めることができるかもしれません。これは簡単なことではないかもしれませんが、正しいところに目を向け、説得力のある申し込みをすることによって、多くのスタートアップ企業が無償で資金を得ることに成功しています。

私たちについて
Celina Consulting Group は助成金を求めている中小企業に助言とコンサルティングサービスを提供しています。私たちは過去 10 年間にわたって様々な起業家を支援してきており、特に環境にやさしい企業と少数民族の人々が所有する企業を支援することにおいて高い確率で成功を収めています。

私たちはどのように皆様のお手伝いができますか
私たちは、お客様が利用可能な資金源を特定することで、サポートを提供いたします。無料相談の後、業種別に分類された最新の利用可能な助成金のリストを確認し、3 日以内に折り返し連絡を差し上げます。私たちはお客様が申し込みに成功するための基準を理解するのをお助けし、助成金の申込書を書くお手伝いをいたします。私たちにすべての申し込みの過程をお任せいただくことも可能です。助成金詐欺は由々しき犯罪です。成功した際には、助成金を得る際に生じるすべての財務上、管理上、そして法律上の義務をお客様にお伝えし、助成金を受け取った方に問題が起こらないようにいたします。

ご興味はおありですか
本日お電話をいただくか、もしくは弊社のホームページを通して、無料でご相談ください！　お客様には最もうまくできること（経営）に集中していただき、私たちは完璧で説得力のある助成金の申込書を提出いたします。

Celina Consulting Group
7273 ベルモント通り、デンバー、コロラド州 80033
電話：1-800-123-5555
https://www.celina-cg.com/grants

スラッシュリーディング用の英文

広告では問いかけの形は頻出。「こんな悩みはありませんか」と問いかけることで、読み手に自分が広告の対象者かを判断してもらうことができます。広告を読むときには、自分に該当する項目があるかを意識して読みましょう。

広告の冒頭には、広告のターゲットが誰なのかがわかる文言があります。ここではYour Startup(あなたのスタートアップ企業)という表現があるので、経営者向けの広告であることがわかります。

①Get a Business Grant / for Your Startup

②Are you running a startup company?
③Are you a small business owner / with great ideas / but a lack / of funding?
④Are you feeling financial anxiety?

⑤You might be able to pursue your dreams, / worry-free, / by receiving grants / to fund your business! / ⑥While it may not be easy, / many startups successfully secure free money / by looking in the right place / and submitting a convincing application.

長い広告には要点ごとにタイトルが入っていますので、何が書かれているかを推測するのに役立てましょう。

⑦Who are we?

⑧Celina Consulting Group offers advisory / and consulting services / to small businesses / looking for grants. / ⑨We have been supporting a variety of entrepreneurs / over the past decade, / and have had a particularly high rate / of success / supporting green businesses and minority-owned businesses.

⑩How can we help you?

⑪We offer support / by identifying funding sources / available to you. / ⑫After our free consultation, / we will check our up-to-date list / of available grants / organized by business type / and get back to you / within 3 days. / ⑬We help clients understand the criteria / for a successful application / and help write funding applications. / ⑭Clients can choose / to let us manage the entire administration process. / ⑮Grant fraud is a serious crime. / ⑯We inform successful clients / of all financial, / administrative / and legal obligations / that come with the grant / and make sure / grant recipients stay / out of trouble.

⑰Interested?

⑱Get your free consultation today / by calling us / or by visiting our website! / ⑲Let us submit a complete and compelling grant proposal / for you / while you focus on / what you do best.

Celina Consulting Group
7273 Bellemont Street, Denver, CO 80033
Phone: 1-800-123-5555
https://www.celina-cg.com/grants

住所の表記はビジネス文書に頻出で、番地→道の名前→都市名→州名で順です。日本語とは逆です。COはコロラド州を表す記号。

アメリカの1-800番は日本の0120と同じフリーダイヤルです。

語句・読解のポイント

①

Get a Business Grant　ビジネス用の助成金を得よう
for Your Startup　スタートアップ企業のために

語句

☐ **grant**　助成金　　☐ **startup**　スタートアップ企業

読解のポイント

- grant は、ここでは「助成金」という意味で使われていますが、「～を与える」という動詞としてもよく使われます。grant A B で「A に B を与える」という意味。例：I'll grant you access to the database.（データベースのアクセス権を付与します）

②

Are you running a startup company?　あなたはスタートアップ企業を経営していますか

語句

☐ **run**　～を経営する　　☐ **startup company**　スタートアップ企業

読解のポイント

- ここでは現在進行形が使われています。広告のターゲットは会社を立ち上げて間もない人たちであることがわかります。

③

Are you a small business owner　あなたは中小企業のオーナーで
with great ideas　素晴らしいアイディアがある
but a lack　しかし欠けている
of funding?　資金が

語句

☐ **business**　会社　　☐ **funding**　資金
☐ **lack**　欠けていること

読解のポイント

- 接続詞の but 以下には主語と動詞が省略されています。これは Are you a business owner with great ideas? と Are you a business owner with a lack of funding? の 2 つの文を but でつなぎ、重複する部分を省略したものと考えてください。Are から with までが great ideas にも a lack of funding にもかかっています。

④

Are you feeling financial anxiety? あなたは財務面の懸念がありませんか

語句

☐ **financial** 財務面の
☐ **anxiety** 懸念

読解のポイント

- ここでも現在進行形が使われていますが、これは今この瞬間の読み手の状況を尋ねている表現です。広告の対象者を明確にするためのこのような問いかけは、広告でよく見られます。

⑤

You might be able to pursue your dreams,
あなたは自分の夢を追い求めることができるかもしれない
worry-free, 懸念は無要
by receiving grants 助成金を受け取ることによって
to fund your business! あなたの会社に資金を投入するための

語句

☐ **pursue** ～を追い求める
☐ **fund** ～に資金を投入する
☐ **worry-free** 懸念は無要の

読解のポイント

- You might ～は「仮定」を表します。読み手が助成金を受け取った状況を仮定し、その状況において「夢を追い求めることができるかもしれない」と述べている文です。読み手が助成金を受け取らないかもしれないので、可能性が低いことを表す might を用いています。

- worry-free は worry「懸念」に、「～から解放されて自由である」という意味の free を加えた単語です。-free を単語につけることで、前の単語を否定するような意味になります。他に、hassle は「面倒」という意味ですが、これに -free をつけて hassle-free にすると「面倒ではない」という意味となります。このように、ネガティブなイメージの単語に -free をつけたり、fat-free「無脂肪」、gluten-free「グルテンフリー」のように原料を示すときに使われたりします。

⑥

While it may not be easy,　これは簡単なことではないかもしれないが

many startups successfully secure free money

多くのスタートアップ企業が無償で資金を得ることに成功している

by looking in the right place　正しい方向に進むことによって

and submitting a convincing application.

そして説得力のある申し込みをすることによって

語句

- □ **while**　～ではあるものの
- □ **successfully**　うまく
- □ **secure**　～を確保する
- □ **look in the right place**　正しいところに目を向ける
- □ **submit**　～を提出する
- □ **convincing**　説得力のある
- □ **application**　申し込み

読解のポイント

- 接続詞の while は「～する間」という意味で使われることが多い語ですが、この文の場合は「～ではあるものの」という「譲歩」の意味を表します。接続詞の although にも言い換えることができ、ビジネス文書には頻繁に譲歩の用法で登場します。while は他にも「～なのに対して」という「対比」の意味で使うことも可能ですので、文脈から理解する必要があります。

  例：While Tom is for the idea, Ken is against the idea.（Tom がその案に賛成であるのに対し、Ken は反対です）
- look in the right place は「正しいところに目を向ける」という表現で、意訳して「正しい方向に向かう」と考えることもできます。ビジネスでよく言われているのは、You should be in the right place at the right time.「いいタイミングでいい場所にいるべきだ」ということ。チャンスを逃してはいけない、という意味で使われる表現です。

- convincing は「説得力のある」という意味。be convinced「納得する」という表現もここで一緒に押さえておきましょう。会議などで異論を述べたいときに I'm not convinced just by this survey result.「このアンケート結果だけでは納得できない」と言うことができます。

⑦

Who are we? 私たちは誰ですか

読解のポイント

- 自社紹介の見出しで、ウェブサイトやプレゼンテーションでよく使われる表現です。日本語で言う「弊社についてご紹介」といったニュアンスで使われます。

⑧

Celina Consulting Group offers advisory
Celina Consulting Group は助言を提供している
and consulting services そしてコンサルティングサービスを
to small businesses 中小企業に
looking for grants. 助成金を探し求めている

語句

- ☐ **advisory** 助言
- ☐ **consulting service** コンサルティングサービス

読解のポイント

- offer「～を提供する」は、offer 人＋物「人に物を提供する」、もしくは offer 物 to 人「物を人に提供する」のように使うことができます。
- small businesses looking for grants「助成金を求めている中小企業」は、名詞を後ろから分詞＋ α が修飾する形になっています。
- advisory and consulting services の and は services にかかる advisory と consulting をつないでいます。
- looking for grants の look for は「探している」と訳すことも「求めている」と訳すこともでき、ニュアンスとしては「探し求めている」という状況を表しています。

⑨

We have been supporting a variety of entrepreneurs

私たちは様々な起業家を支援してきている

over the past decade, 過去 10 年間にわたって

and have had a particularly high rate そして、特に高い確率だ

of success 成功は

supporting green businesses and minority-owned businesses.

環境にやさしい企業と少数民族が所有する企業を支援することの

語句

- ☐ **a variety of** 様々な
- ☐ **entrepreneur** 起業家
- ☐ **over** ～にわたって
- ☐ **decade** 10 年（= 10 years）
- ☐ **particularly** 特に
- ☐ **high rate** 高い確率
- ☐ **green business** 環境にやさしい事業(企業)
- ☐ **minority-owned** 少数民族が所有する

読解のポイント

- have been supporting では「現在完了進行形」が使われています。現在完了進行形は、過去に始まったことが現在まで続いていて、それが今この瞬間にも続いていることを表します。広告では、広告主がどれだけの実績があるかを示すために現在完了進行形がよく使われます。
- a variety of「様々な」は、various に言い換えることが可能です。
- over ＋期間を表す表現は「～（という期間）にわたって」という意味で、完了形でよく使われるキーワードです。
- supporting「～を支えている」以下が success「成功」を修飾しています。supporting の目的語は green businesses「環境にやさしい企業」と minority-owned businesses「少数民族が所有する企業」の 2 つです。
- green business は従来「緑化産業」を指していましたが、今は green という言葉が「環境にやさしい」という意味で使われるようになり、「環境にやさしい事業（企業）」全般のことを指すようになりました。
- minority は「少数民族」と訳されますが、文字どおり数が少ないわけではなく、その国で一番多いバックグラウンドの人以外を指すことがほとんどです。例えば、アメリカにおいては白人が majority「多数」ですので、それ以外の人種は minority とされます。アジア人もアメリカにおいては minority です。

⑩

How can we help you? 私たちはどのように皆様のお手伝いをしますか

⑪

We offer support 私たちはサポートを提供する
by identifying funding sources 資金源を特定することによって
available to you. あなたが利用可能な

語句

- □ **identify** ～を特定する
- □ **funding source** 資金源

読解のポイント

- funding sources available to you は、funding sources「資金源」という名詞句を available to you「あなたが利用可能な」という形容詞＋αが後ろから説明しています。
- 本来ならば We identify funding sources available to you. だけでも意味は通じますが、We offer support by をつけて、サービス内容を明確に提示しています。

⑫

After our free consultation, 無料相談の後
we will check our up-to-date list 私たちは最新のリストを確認する
of available grants 利用可能な助成金の
organized by business type 業種別に分類された
and get back to you そしてあなたに折り返し連絡する
within 3 days. 3日以内に

語句

- □ **consultation** 相談
- □ **organize** ～を整理する
- □ **up-to-date** 最新の
- □ **get back to** ～に折り返し連絡する
- □ **available** 利用できる

読解のポイント

- up-to-date は「最新の」という形容詞です。3つの単語がつながって1語の形容詞のように機能しているので、ハイフンが必要です。current や latest などの形容

詞に言い換えることもできます。

- within 3 days は「3 日以内に」という意味。「3 日後に」を表す場合には in 3 days を使います。

⑬

We help clients understand the criteria　私たちはお客様が基準を理解するのを助ける

for a successful application　うまくいく申し込みのために

and help write funding applications.　そして助成金の中込書を書く手伝いをする

語句

☐ **criteria**　基準　　☐ **successful**　うまくいく

読解のポイント

- help 人 *do*「人が～するのを助ける」も、help *do*「～するのを助ける」も、もともとあった *do* の前の to が省略されているものだと考えてください。文法的には We help clients to understand the criteria. や We help to write funding applications. も可能ですが、一般的にビジネス文書や口語ではこの to を省略します。

⑭

Clients can choose　お客様は選ぶことができる

to let us manage the entire administration process.

私たちにすべての申し込みの管理の過程を任せることを

語句

☐ **manage**　～を管理する　　☐ **administration**　管理

☐ **entire**　全体の　　☐ **process**　過程

読解のポイント

- let 人 *do*「人に～させる」は使役の表現で、let の代わりに have や make を使うことも可能です。let は「自由にさせる」という意味を持ちますが、make だと「やや無理やりやらせる」、have だと「当たり前のようにやらせる」といったニュアンスになります。例えば I'll make him call you. は「責任を持って彼にあなたに連絡させる手はずを整える」というニュアンス、I'll have him call you. は「彼に電話するように伝えれば、彼はそうすべき立場にあるので、電話するだろう」というようなニュアンスです。

- entire「全体の」の類義語として whole も一緒に覚えておきましょう。

⑮

Grant fraud is a serious crime. 助成金詐欺は由々しき犯罪だ

語句

- □ **fraud** 詐欺
- □ **crime** 犯罪
- □ **serious** 深刻な

読解のポイント

- 他の文と比べるとこの文は短いです。あえて短く文を区切ることで、重要な部分をより目立たせることができます。ビジネス文書で短い文が目についたら、そこに重要な情報がないか確認しましょう。

⑯

We inform successful clients 私たちは成功したお客様に伝える
of all financial, すべての財務上の
administrative 管理上の
and legal obligations そして法律上の義務
that come with the grant 助成金を得る際に生じる
and make sure そして確実にする
grant recipients stay 助成金を受け取った人が〜のままでいる
out of trouble. 問題がないように

語句

- □ **inform A of B** A に B を知らせる
- □ **make sure** 〜を確実にする
- □ **administrative** 管理上の
- □ **recipient** 受取人
- □ **legal obligation** 法律上の義務
- □ **stay out of trouble** 問題を起こさない
- □ **come with** 〜と共に生じる

読解のポイント

- financial, administrative, and legal はすべて obligation にかかっています。
- make sure は日本語に直訳すると「確実にする」という意味ですが、ニュアンス

としては「責任を持って対応します」という感じです。ビジネス会話でも頻出です。
- make sure「～を確実にする」の前には主語 We が省略されています。

⑰

Interested? 興味はありますか

読解のポイント

- この Interested?「興味はありますか」は、Are you interested? の省略形です。広告ではよくカジュアルな問いかけとして、1 語で質問をすることで親近感を持たせる手法が使われます。例えばマッサージ店の広告なら、Tired? Come relax at our salon!「疲れていますか？　弊社のサロンへリラックスしにきてください！」のように Tired? 1 語で呼びかけています。

⑱

Get your free consultation today 本日無料で相談してください
by calling us 弊社に電話をかけることによって
or by visiting our website! もしくは弊社のホームページを訪れることによって

読解のポイント

- Get your free consultation today. は命令文。強く提案する文言として、広告では命令文が頻出です。Call us today! もよく使われます。この today のニュアンスは、日本語では「今すぐ」ですので、「今すぐお電話ください！」という意味で捉えるとよいでしょう。

⑲

Let us submit a complete and compelling grant proposal
完璧で説得力のある助成金の申込書を私たちに提出させてください
for you あなたのために
while you focus on あなたが集中している間に
what you do best. あなたが最もうまくできること

語句

- □ **let us *do*** （私たちに）～させてください
- □ **compelling** 説得力のある
- □ **proposal** 提出
- □ **focus on** ～に集中する

読解のポイント

- what you do best「あなたが最もうまくできること」は、ここではfocus on「～に集中する」の目的語となっています。ビジネスでwhat you do bestは「専門性のあること」という意味で使われます。この広告のターゲットは新しい会社の経営者ですから、つまり「あなたが専門である経営に専念している間に、我々に完璧で説得力のある助成金の申込書を提出させてください」というメッセージになっています。

この英文を読んだ後、どのような行動に移るべきか

あなたが助成金を探している場合、この広告を見たらどのようなアクションを取りますか。まずはこのコンサルティング会社の強みがgreen businesses「環境にやさしい企業」とminority-owned businesses「少数民族が所有する企業」であることを把握し、自社が該当するかを考えましょう。該当しなかったとしても、free consultation「無料の相談」ができることが書かれていますので、その機会を活用してもいいでしょう。なお、日本人が海外でビジネスをしていれば、minority-owned businessesと認定されることもあるはずです。

TIPS

チャットで使われる省略表記
～ Shorthand Phrases ～

ビジネスシーンであっても親しい人物とのチャットなら、カジュアルな書き方をすることがあります。Eメールは「電子の手紙」ですから、フォーマルな表記が好まれ、使われるのはせいぜいFYI、ASAP、ETA、EODあたりに限定されます。しかし、チャットではかなり多くの語が省略される傾向にありますので、以下の省略形の表現を知っておくと、チャットに適したテンポの良いコミュニケーションが取れるでしょう。

省略形	本来の意味	和訳
pls	please	お願いします
thx	thanks	ありがとう
np	no problem	大丈夫です
FYI	for your information	情報共有します
ASAP	as soon as possible	なるべく早く
TBD	to be determined / to be discussed	詳細未定
N/A	not applicable / not available	該当せず
w /　w/out	with / without	あり / なし
OOO	out of the office	外出中
WFH	work from home	在宅勤務
OMW	on my way	向かっているところ
ETA	estimated time of arrival	到着予定時間
EOD	end of the day / end of discussion	1日の終わり / 議論終了
brb	I'll be right back.	ちょっと席を外す、すぐ戻る
btw	by the way	ところで
nm	never mind	やっぱり気にしないで
ot	off topic	蛇足だけど
btt	back to topic	話を戻すと
aka	as known as	～と呼ばれている
DM	direct message	個人へのメッセージ
LMK	let me know	私に知らせてください
IMO / IMHO	in my opinion / in my humble opinion	私の意見としては
ttyl	talk to you later	またね
lol	laughing out loud	（笑）

※大文字、小文字の使用ルールはありません。よく見かける表記をご紹介しています。

記事の読み方

Track 5

Airport Traffic Expected to Increase

May 25 – Cucamonga Airport has finally gained the acceptance of affected community members regarding its expansion plans. The airport will be able to accommodate 3 million additional travelers a year after opening new flight paths over the capital's business and residential areas. International flight slots will increase by 20 additional flights per day.

Before the new flight paths were approved, many local residents expressed concerns over the additional flight routes. During the test runs, residents living under the new flight paths found the descending planes loud and intimidating. Despite strong opposition and requests for a referendum, the government hastily approved the plan in order to make a strategic shift toward a more tourism-oriented economy.

Transport Minister Ryan Aracari announced on Thursday that the new routes will open next January. He said, "We believe the additional flights will result in an economic benefit of $4 billion a year. This will support the local neighborhood, struggling with a lengthy recession. With more international travelers visiting, I also personally hope for more cultural exchange to take place in the neighboring communities. It's increasingly important to value diversity and work towards building positive relationships with others in our global society."

Local resident Victoria Casper said, "I see the point about the need to increase flight capacity, so I wasn't completely against the plan. We need to improve international competitiveness and the surge of inbound tourism will be beneficial. However, I strongly hope the government will make regulations about the noise level. As reported, the airport expansion has been finalized with a strong commitment from the government to ease concerns about noise and safety. I'm counting on the politicians to follow through on their promises.

Cucamonga空港の拡大計画がようやく承認されたことを伝える報道記事です。記事内になぜ「ようやく」承認されるに至ったかの説明があります。どのような問題があったのか、また今後どのようなことが期待されているのかを読み取りましょう。

訳

予想される空港の発着便数の増加

5月25日―― Cucamonga空港は、経路の拡大計画に関して、影響を受ける地域住民の了承をついに得ることができました。首都のビジネス街と住宅地にまたがる新しい飛行経路をオープンした後には、空港は年300万人の旅行客の増加が見込まれます。国際線の発着枠は1日につき20フライト増えることになります。

新しい飛行経路が承認される前、地域住民の多くは追加される航空路線について懸念を表明していました。テストフライトが行われている間、新しい飛行経路の下に住む住民たちは、降下する飛行機の音が大きく、脅威に感じていました。強い反対と住民投票の要求があったにもかかわらず、より観光中心の経済への戦略的移行を行うため、政府はこの計画を急いで承認しました。

運輸大臣のRyan Aracariは木曜日、新しい飛行経路は来年の1月にオープンすると発表しました。彼は次のように話しました。「追加される航空便は年に40億ドルの経済効果につながると信じています。これは長らく続く不景気にあえいでいる近隣地域を支えることになるでしょう。個人的には、国外からより多くの旅行者が訪れてくることにより、近隣のコミュニティでより多くの国際交流が行われることも願っています。多様性を評価し、この国際社会において他者との有益な関係を築く方向に向かって努力することはますます重要になりつつあります」。

地元の住民であるVictoria Casperはこう述べました。「航空便の数を増やす必要があることに関しては理解しています。ですので完全にこの計画に反対しているわけではありません。私たちは国際的な競争力を向上させる必要があり、国外からの旅行者向けの観光の急激な増加は利益をもたらします。しかし、政府が騒音レベルに関する規制を設けることを私は強く望んでいます。報告にあったように、空港の拡大は騒音と安全への懸念を緩和するという政府からの強い決意と共に決定したものです。政治家の皆様が自身の約束を守り通してくれることを期待しています」。

スラッシュリーディング用の英文

英字新聞などの記事の見出しには以下の特徴があります。
①短い表現が好まれる
②過去に起きたことでも現在形で表現される
→ ただし、歴史的事実を表す場合には過去形が使われます。
③冠詞の省略
→ Airport Trafficには本来冠詞のTheがつくはずですが、ここでは省略されています。
④be動詞の省略
→ Expectedの前には本来be動詞が入るはずですが、これもここでは省略されています。
⑤未来のことは不定詞を使って表す
⑥andの代わりにカンマを用いる
⑦コロンが使われている場合、それは記事の出どころを示している

①Airport Traffic Expected / to Increase

②May 25 – / Cucamonga Airport has finally gained the acceptance / of affected community members / regarding its expansion plans. / ③The airport will be able to accommodate 3 million additional travelers / a year / after opening new flight paths / over the capital's business / and residential areas. / ④International flight slots will increase / by 20 additional flights / per day.

一般的に記事は冒頭で何の話かがわかる1文があります。タイトルと1文目を読むことでテーマを把握したうえで読み進めましょう。

各段落の冒頭には、その段落がどのように前の段落と関連しているのかがわかる表現があることが多いです。ここでは、前の段落で「空港拡大が決定した」という事実が述べられ、それと比較して「決定の前に起きたこと」が続くことがわかります。つまりBeforeという単語でこのニュースの背景情報が続くことが明示されています。

⑤Before the new flight paths were approved, / many local residents expressed concerns / over the additional flight routes. / ⑥During the test runs, / residents living under the new flight paths / found the descending planes loud / and intimidating. / ⑦Despite strong opposition / and requests / for a referendum, / the government hastily approved the plan / in order to make a strategic shift / toward a more tourism-oriented economy.

ここまでの内容で、空港拡大決定までに様々な意見があったことがわかりました。この段落では運輸大臣の見解が述べられています。

⑧Transport Minister Ryan Aracari announced / on Thursday / that the new routes will open next January. / ⑨He said, / "We believe / the additional flights will result in an economic benefit / of $4 billion / a year. / ⑩This will support the local neighborhood, / struggling with a lengthy recession. / ⑪With more international travelers visiting, / I also personally hope for more cultural exchange / to take place / in the neighboring communities. / ⑫It's increasingly important / to value diversity / and work towards building positive relationships / with others / in our global society."

⑬Local resident Victoria Casper said, / "I see the point / about the need / to increase flight capacity, / so I wasn't completely against the plan. / ⑭We need to improve international competitiveness / and the surge of inbound tourism / will be beneficial. / ⑮However, I strongly hope / the government will make regulations / about the noise level. / ⑯As reported, / the airport expansion has been finalized / with a strong commitment / from the government / to ease concerns / about noise / and safety. / ⑰I'm counting on the politicians / to follow through on their promises."

この段落では空港拡大反対派が今どのように考えているかがわかるようになっています。記事ではこのように、反対意見も掲載されていることが多いので、声を上げている人がどのような意見を持った人なのかを把握しましょう。

語句・読解のポイント

①

Airport Traffic Expected 空港の発着便数は予想される

to Increase 増加することが

語句

☐ **expect** 〜を予想する

読解のポイント

- この見出しを完全な文で表すのであれば、The airport traffic is expected to increase.「空港の発着便数は増加することが予想されます」となります。見出しは不完全な文であることがほとんどなので、元の文を再構築して考える習慣を身につけると英語力向上に役立ちます。
- expected は be expected to *do*「〜することが予想される」の形でよく使われます。受動態で文が作られていると客観的な印象を与えるため、記事では頻繁に受動態を見かけます。
- increase は自動詞「増える」、他動詞「〜を増やす」、そして名詞「増加」という意味で使われます。ここでは自動詞ですが、名詞として使われる場合には原則として可算名詞となります。辞書には不可算名詞とも表記されていますが、普通は冠詞が前につき、The increase in world population may lead to issues in the future.「世界の人口増加は将来、問題を引き起こすかもしれない」といった形で使うか、The increases in tax rates are harming low income families.「税率の引き上げが低所得者層を圧迫している」のように複数形で使います。

②

May 25 5月25日

Cucamonga Airport has finally gained the acceptance

Cucamonga 空港はついに了承を得た

of affected community members 影響を受ける地域住民の

regarding its expansion plans. 空港の拡大計画に関して

語句

☐ **gain**　～を得る
☐ **affected**　影響を受ける
☐ **acceptance**　了承
☐ **expansion**　拡大

読解のポイント

- regarding「～に関して」は、concerning、in regard to、with regard to、about、on などに言い換えることが可能ですが、それぞれニュアンスと用法が若干異なります。about と on は比較的カジュアルな場面で登場します。in regard to と with regard to は一般的に前述されたことや、過去に話し合いをしたことなど、既出のことについて使われることが多いです。regarding が最も多くの場面で使えるでしょう。concerning は concern「懸念」と同じ語源なので、わりと重要な事柄について述べられているときに使われる傾向があります。例えば、the contract「契約書」や your health issues「健康上の問題」には regarding も concerning も使えますが、We got in an argument <u>concerning</u> my taste in music. とは言いません。なお、ここでは <u>regarding</u> my taste in music も若干不自然。got in an argument <u>over</u> というフレーズがコロケーションとして一般的なため、より良いのは We got in an argument <u>over</u> my taste in music.（私の音楽の趣味について口論になった）です。
- expansion plans「拡大計画」は名詞＋名詞からなる複合名詞です。複合名詞を読むときは、最初の単語を強く発音します。

③

The airport will be able to accommodate 3 million additional travelers
空港は 300 万人の旅行客の増加が見込まれる
a year　年に
after opening new flight paths　新しい飛行経路をオープンした後
over the capital's business　首都のビジネス街にまたがる
and residential areas.　そして住宅地を

語句

☐ **accommodate**　～を受け入れる
☐ **flight path**　飛行経路
☐ **million**　100 万
☐ **over**　～にまたがる

□ **capital**　首都　　□ **residential area**　住宅地

読解のポイント

- 冒頭は、accommodate で一度スラッシュを入れてもよいでしょう。その場合、The airport will be able to accommodate「空港は受け入れることができるようになる」/ 3 million additional travelers「現状よりも 300 万人多くの旅行客を」と読みます。
- ～ a year は「年間～」という「範囲」を示す表現。
- after *doing*「～した後で」のように、後ろに *doing* が続く頻出表現に before *doing*「～する前に」、when *doing*「～するときに」、while *doing*「～している間に」、since *doing*「～して以来」、by *doing*「～することによって」などがあります。いずれも手順や出来事の順番を示す重要なキーワードです。
- over は「(上を) 覆っている」イメージを持つ前置詞なので、ここでは「首都のビジネス街と住宅地にまたがる」という意味です。

④

International flight slots will increase　国際線の発着枠は増える
by 20 additional flights　追加で 20 フライト
per day.　1 日につき

語句

□ **international flight**　国際線　　□ **increase by**　(～の数値の分) 増える
□ **slot**　枠　　□ **per**　～につき

読解のポイント

- increase by「(～の数値の分) 増える」は、対義表現の decrease by「(～の数値の分) 減る」とセットで覚えておきましょう。
- per は「～につき」という意味の前置詞で、wpm (words per minute) や mpg (miles per gallon) といった尺度などを示すときによく使われます。wpm は話したり読んだりするときの 1 分あたりの速度を示し、mpg は 1 ガロンあたりのガソリンで車などの乗り物を何マイル動かせるか、燃費を示す指標です。

⑤

Before the new flight paths were approved, 新しい飛行経路が承認される前
many local residents expressed concerns 地域住民の多くは懸念を表明していた
over the additional flight routes. 追加される航空路線について

語句

- □ **resident** 住民
- □ **concern** 懸念
- □ **over** ～について
- □ **route** 路線

読解のポイント

- local は日本語の「ローカル」の由来となる語ですが、「田舎の」ではなく「地元の」を意味します。

⑥

During the test runs, テストフライトが行われている間
residents living under the new flight paths 新しい飛行経路の下に住む住民たちは
found the descending planes loud 降下する飛行機の音が大きく感じた
and intimidating. そして脅威に

語句

- □ **test run** テストフライト
- □ **descend** 降下する
- □ **intimidating** 脅威だ

読解のポイント

- ここでの found の用法は、「見つけた」ではなく「結論にたどり着いた」という意味。意見を表すときに使われます。I find the new office appealing.「新しいオフィスは魅力的だと思う」のように、新しいオフィスのことを一通り知ってから自分の考察を述べるときの表現です。
- residents ... found the descending planes loud and intimidating は第 5 文型です。find A B「A が B であるとわかる」の A にあたるのが the descending planes「降下する飛行機」、B にあたるのが loud and intimidating「音が大きくて脅威だ」です。

⑦

Despite strong opposition 強い反対があったにもかかわらず
and requests そして要求
for a referendum, 住民投票の
the government hastily approved the plan 政府はこの計画を急いで承認した
in order to make a strategic shift 戦略的移行を行うため
toward a more tourism-oriented economy. より観光中心の経済に向けて

語句

- □ **despite** ～にもかかわらず
- □ **opposition** 反対
- □ **referendum** 住民投票
- □ **hastily** 急いで
- □ **shift** 移行
- □ **tourism-oriented** 観光中心の

読解のポイント

- 冒頭にある Despite「～にもかかわらず」のようなディスコースマーカーに着目しましょう。この文がこの記事で最も重要な文です。強い反対があったにもかかわらず、政府が急いで計画を承認したことにより地域住民との摩擦が起きていることが示唆されています。この文を理解できないと、各段落の位置づけがよくわからなくなりますので、このようなつなぎ言葉を見落とさないように注意しましょう。なお、despite「～にもかかわらず」は in spite of や notwithstanding などに言い換えることが可能です。
- in order to *do*「～するために」を目にしたら、「その目的は～」を意識して読むと語順どおりに理解しやすくなります。

⑧

Transport Minister Ryan Aracari announced 運輸大臣の Ryan Aracari は発表した
on Thursday 木曜日に
that the new routes will open next January.
新しい飛行経路は来年の 1 月にオープンすると

語句

- □ **Transport Minister** 運輸大臣

読解のポイント

- announce「〜を発表する」は、announce + that 節の形を取ります。on Thursday をカッコに入れてみると、announce + that 節の形であることがわかりやすいでしょう。

⑨

He said, 彼は言った
“We believe 私たちは信じている
the additional flights will result in an economic benefit
追加される航空便は経済効果につながる
of $4 billion 40 億ドルの
a year. 1 年で

語句

☐ **result in** 〜という結果になる ☐ **billion** 10 億
☐ **economic benefit** 経済効果

読解のポイント

- ビジネスにおいては、I think よりも自分の考えを強く表明できる I believe のほうが使われる傾向があります。think は根拠がなくただ考えているだけという場合にも使われるので、根拠があるときは I believe を使って発言するほうが好ましいでしょう。
- say「〜を言う」も believe「〜を信じる」も、後ろに that 節を続けることが可能です。
- billion は「10 億」、million は「100 万」です。数字のミスはビジネスにおいて大きな悪影響を及ぼしますので、桁を間違えず理解できるように練習しましょう。

⑩

This will support the local neighborhood, これは近隣地域を支えることになるだろう
struggling with a lengthy recession. 長らく続く不景気にあえいでいる

語句

- □ **local neighborhood** 近隣地域
- □ **lengthy** 長い
- □ **struggle with** ～に苦しむ
- □ **recession** 不景気

読解のポイント

- This は年間 40 億ドルの経済効果のことを指しています。
- the local neighborhood struggling with a lengthy recession「長らく続く不況にあえいでいる近隣地域」は、名詞を分詞＋ α が後ろから説明しています。

⑪

With more international travelers visiting,
国外からより多くの旅行者が訪れてくることにより
I also personally hope for more cultural exchange
また、個人的にはより多くの国際交流を願っている
to take place 行われる
in the neighboring communities. 近隣のコミュニティで

語句

- □ **with** ～があるので
- □ **take place** 行われる
- □ **hope for** ～を願う
- □ **neighboring community** 近隣のコミュニティ
- □ **cultural exchange** 国際交流

読解のポイント

- ここで使われている with は「付帯状況の with」。with A B の形で「A が B の状態で」という意味を表します。more international travelers「より多くの国外からの旅行者」が A、visiting「訪れている」が B です。
- hope for ＋名詞は「～を願う」という意味ですが、hope to *do*「～することを願う」という形もよく使われます。
- take place は「行われる」という意味。ここでの take place は自然と活性化されていくであろう交流のことを指しています。自然発生するものではなく、計画されたイベントについても「開催される」の意味で take place が使われることがあります。Our open house will take place on Sunday.「日曜にオープンハウスが開

催されます」といった用法です。

⑫

It's increasingly important ますます重要になりつつある

to value diversity 多様性を評価することが

and work towards building positive relationships

そして有益な関係を築く方向に向かって努力する

with others 他者との

in our global society." この国際社会において

語句

☐ **increasingly** ますます
☐ **diversity** 多様性
☐ **value** ～を評価する
☐ **work towards** ～に向かって努力する

読解のポイント

- この文では多様性を評価することの重要性について語られていますが、前文に I personally hope「個人的に願っているのは」とあるので、それに続く運輸大臣の個人的な意見だということがわかります。政府の見解ではなく、自分の意見であると前の文で伝えていることを見逃さないようにしましょう。
- value は「～を評価する」という意味で、We value your input.「あなたからのご意見を大切にします」の表現はアンケート依頼時の定型表現です。「評価」という名詞も頻出です。
- work towards「～に向かって努力する」にある towards は前置詞なので、後ろに動名詞を続けて work towards *doing*「～することに向けて努力する」という形を作ることができます。日本では学校で work「働く」という意味で覚えるので、「work＝働く」というイメージが強いようですが、英語では「努力する」というニュアンスで使われることのほうが多いです。

⑬

Local resident Victoria Casper said,

地元の住民である Victoria Casper はこう言っている

"I see the point 私は理解している

about the need 必要があることに関して

to increase flight capacity, 航空便の数を増やすという

so I wasn't completely against the plan.

だから完全にこの計画に反対しているわけではない

語句

☐ **I see the point** 私は理解している
☐ **need** 必要性
☐ **capacity** 最大量
☐ **against** ～に反対して

読解のポイント

- I see the point. は「その点については理解している」というようなニュアンスです。ビジネス会議で誰かの意見に対して I see your point, but ～「その点は理解できます。しかし～」と反論するようなやり取りで使われます。
- need は「～を必要とする」という意味で頻出ですが、ここでは「必要性」という意味の名詞として使われています。
- capacity は「最大量」や「収容可能人数」を意味します。flight capacity は航空便数のこと。
- not completely ～は「完全に～なわけではない」という部分否定を表します。

⑭

We need to improve international competitiveness

私たちは国際的な競争力を向上させる必要がある

and the surge of inbound tourism 国外から来る旅行者向けの観光の急激な増加は

will be beneficial. 利益をもたらす

語句

☐ **improve** ～を改善する
☐ **competitiveness** 競争力
☐ **surge** 急激な増加
☐ **inbound** 国外から来る
☐ **tourism** 観光業
☐ **beneficial** 利益をもたらす

読解のポイント

- surge は名詞の「大きな波」から派生した表現です。いきなり大きな波がやってくるイメージで、急に増加する様子を示します。
- inbound「国外から来る」の対義語は outbound「海外へ向かう」です。今では

観光業においては「インバウンド」「アウトバウンド」とカタカナでも使われるようになりましたね。

⑮

However, I strongly hope けれども、私は強く望んでいる
the government will make regulations 政府が規制を設けることを
about the noise level. 騒音レベルに関する

語句

□ **regulation** 規制

読解のポイント

- However「けれども」はディスコースマーカー。ここでのCasper氏の強い思いにも着目しましょう。空港拡大計画にはまだ課題が残っていることが示唆されています。なお、howeverは接続副詞なので、接続詞であるbut「しかし」とは違い、文中で節と節をつなぐことはできません。必ず新しい文の冒頭に登場します。
- strongly hopeのstronglyは意見を強調しています。

⑯

As reported, 報告にあったように
the airport expansion has been finalized 空港の拡大は決定した
with a strong commitment 強い決意と共に
from the government 政府からの
to ease concerns 懸念を緩和する
about noise 騒音についての
and safety. 安全についての

語句

□ **as** ～のように
□ **finalize** ～を決定する
□ **commitment** 決意、約束
□ **ease** ～を緩和する

読解のポイント

- As reported「報告にあったように」は主語＋ be 動詞が省略されている形で、本来はAs it was reportedとなります。記事やフォーマルな文章でよく見る表現です。
- As もディスコースマーカー。ここでも非常に重要な情報が述べられています。この記事の要点でもある the airport expansion has been finalized with a strong commitment from the government が、初見で読んだときにすぐに重要な情報だと認識できましたか？　こういった主要な文を読むだけで、記事の要点が理解できます。

⑰

I'm counting on the politicians　私は政治家を信じている
to follow through on their promises."　自身の約束を守り通してくれることを

語句

□ **count on**　～を信じる　　□ **follow through on**　～を守り通す

読解のポイント

- count on は「～を信じる、頼る」という意味です。count 自体には「～を数える」という意味があるので、「その人を頼れる人として頭数に入れていますよ」ということを表しています。I'm counting on you! と言うと「活躍を期待しているよ！」と相手を鼓舞する表現になります。
- follow through は有言実行というニュアンスです。follow through on a promise「約束を守る」、follow through on commitments「公約実現」、follow through on obligations「義務を果たす」、follow through on plans「計画どおりに物事を進める」といった使われ方をします。

この英文を読んだ後、どのような行動に移るべきか

記事を読んだ後は要点を段落ごとにまとめて情報を整理しましょう。要点は以下のとおりです。

・第 1 段落：Cucamonga 空港の経路拡大決定。年間 300 万人の旅行客の増加と 1 日 20 本の追加フライトの予定。

・第 2 段落：決定に至るまで問題となっていた点について。テストランで飛行機の騒音と低空飛行を脅威に感じた住民からの反対があったにもかかわらず、政府は空港拡大を承認。

・第 3 段落：運輸大臣によると①経済効果が年間 40 億ドル見込めるので、不景気の解決策になり、②国際交流も見込める。

・第 4 段落：地域住民の Casper 氏は、政府が約束した騒音問題と安全面の解決を望んでいるとコメント。

これらをまとめると「騒音と安全面の懸念から反対されていたCucamonga空港の拡大について、政府はそれらを解決することを約束したうえで空港拡大に踏み切った」ということがこの記事の内容と言えます。

CHAPTER

2

文書のタイプ別ビジネス英語リーディング

Eメール1

Track 6

To: All Staff
From: Justin Peral (JSJ Inc.)
Date: September 28
Subject: Registration reopened

Dear fellow JSJers,

I am thrilled to let you know that we will have another round of registration for the popular seminar, "Fish Bowl to the Open Seas." During the priority registration week for new managers, I've had many people ask if the program was already full. In fact, the registration had to be closed in three days.

However, due to high demand, we are happy to announce that we have gotten approval for budget to host this event at the Maxwell Codd Auditorium on 3rd Street. All employees may register now using this ONLINE FORM. The registration will be open until October 3.

In case you've missed our first announcement, this is the first seminar in our lecture series for self-development and maintaining a healthy mental state. If interested, please save the date of Monday, October 10 from 3:00 P.M. to 6:00 P.M. The event will feature a lecture by Professor Katie Fieldsman of Woodworth University, and her lecture will be followed by chances for Q&A. The last 45 minutes will be a fun workshop related to the lecture content. You may be asked to move around in the auditorium for the workshop, so dress casually.

Those who register will receive details on parking and entrance by October 5. This event will only be accessible to employees who register in advance, so make sure you tell your friends about it. We hope to see you all there!

Best regards,

Justin Peral

Justin Peral
Talent Development Specialist
Extension: 3145

JSJ社の人材開発専門職のJustin Peralが全従業員に対してセミナーを告知するEメールです。一度は受付を終了したイベントの再告知を行うことになった経緯と、参加希望者に対する説明が述べられています。

訳

宛先：　全スタッフ
差出人：Justin Peral（JSJ 社）
日付：　9 月 28 日
件名：　申し込みの再開

JSJ の仲間の皆様

人気のセミナーである「Fish Bowl to the Open Seas」への受付の再開をお伝えできることに興奮しています。新任マネージャー向けの優先登録週の間、プログラムはすでに満席なのかという質問をたくさんの方から受けました。実際のところ、申し込みは 3 日間で締め切りとしなければなりませんでした。

ところが、要望の声が多かったため、3 番街にある Maxwell Codd Auditorium で、このイベントを開催するための予算の承認を得ることができましたので、お知らせいたします。全従業員の皆さんは、この ONLINE FORM を使って今すぐ登録することができます。10 月 3 日までお申し込みを受け付けております。

万が一、最初の発表をあなたが逃してしまっていた場合（の再説明ですが）、これが自己啓発と健康的な心の状態を維持するための連続講義の初回となります。もしご興味がありましたら、10 月 10 日月曜日の午後 3 時から 6 時までの予定を空けておいてください。このイベントは Woodworth 大学の Katie Fieldsman 教授による講義を目玉とし、講演後は質疑応答が予定されています。講義の最後の 45 分間は、講義内容に関連する楽しいワークショップを行います。講堂の中を動き回っていただくこともありますので、カジュアルな格好でお越しください。

お申し込みの方は駐車場と入場に関する詳細を 10 月 5 日までに受け取ることになります。このイベントは事前に申し込みをした従業員の方のみが参加可能ですので、このことをご友人にも確実にお伝えください。皆さんと現地で会えることを楽しみにしています！

よろしくお願いいたします。
Justin Peral

Justin Peral
人材開発専門職
内線番号 : 3145

スラッシュリーディング用の英文

To: All Staff
From: Justin Peral (JSJ Inc.)
Date: September 28
Subject: Registration reopened

Dear fellow JSJers,

①I am thrilled / to let you know / that we will have another round of registration / for the popular seminar, / "Fish Bowl to the Open Seas." / ②During the priority registration week / for new managers, / I've had many people ask / if the program was already full. / ③In fact, / the registration had to be closed / in three days.

④However, due to high demand, / we are happy to announce / that we have gotten approval / for budget / to host this event / at the Maxwell Codd Auditorium / on 3rd Street. / ⑤All employees may register now / using this ONLINE FORM. / ⑥The registration will be open / until October 3.

⑦In case you've missed our first announcement, / this is the first seminar / in our lecture series / for self-development / and maintaining a healthy mental state. / ⑧If interested, / please save the date of Monday, / October 10 / from 3:00 P.M. to 6:00 P.M. / ⑨The event will feature a lecture / by Professor Katie Fieldsman / of Woodworth University, / and her lecture will be followed by chances / for Q&A. / ⑩The last 45 minutes will be a fun workshop / related to the lecture content. / ⑪You may be asked / to move around / in the auditorium / for the workshop, / so dress casually.

⑫Those who register will receive details / on parking and entrance / by October 5. / ⑬This event will only be accessible to employees / who register in advance, / so make sure / you tell your friends / about it. / ⑭We hope / to see you all there!

Best regards,

Justin Peral

Justin Peral
Talent Development Specialist
Extension: 3145

語句・読解のポイント

［宛名］

Dear fellow JSJers,

語句

□ **fellow**　仲間の

読解のポイント

- JSJers とは JSJ の社名に -er がついたもので、「JSJ の人たち」といったニュアンス。Bain & Company の社員は Banies、Amazon の社員は Amazonian、Google の社員は Googler（元社員は Xoogler）、Figma の社員は Figmoid、Pinterest の社員は Pinployee、Rakuten の社員は Rakutenian など、企業の社員をあだ名で呼ぶことがあります。社内通達では親しみを込めて、そのように社員たちに呼びかけているのを見かけます。

①

I am thrilled　私は興奮している

to let you know　あなたに知らせることを

that we will have another round of registration　私たちが受付を再開することを

for the popular seminar,　人気のセミナーへの

"Fish Bowl to the Open Seas."　「Fish Bowl to the Open Seas」

語句

□ **be thrilled to *do***　～することに興奮している　□ **registration**　登録

□ **another round of**　～をもう一度

読解のポイント

- thrill は「～を興奮させる」という意味の他動詞です。このような「感情を表す動詞」は、主語がその感情になる場合には常に受動態を使います。感情は外部からの何かによって「引き起こされる」もの、つまり主語にとっては受け身の状態で生じるものだからです。

Eメール
チャットメッセージ
広告
記事

- I am thrilled to *do* や I am excited to *do* は I am happy to *do* と同じように、良いニュースを届けるときに使われる定型表現です。悪いニュースを伝えるときには I am saddened to inform you that ～といった定型表現が使われます。

②

During the priority registration week 優先登録週の間
for new managers, 新任マネージャー向けの
I've had many people ask 私はたくさんの人たちから質問を受けた
if the program was already full. プログラムはすでに満席なのかどうか

語句

□ **priority** 優先　□ **have 人 *do*** ～する人がいる

読解のポイント

- この文で使われている have 人 *do* は「人に～させる」という使役の意味ではありません。have 人の部分が「人が（主語の周りに）いる」、続く *do* の部分は人の動作なので「～する人が（主語の周りに）いる」という意味になっており、自分に対して質問をしてくる人がたくさんいたということです。構文が似ていますが、意味がまったく異なるので、文脈によってどちらの意味で使われているのかを判断するようにしてください。
- if the program was already full が過去形になっているのは、過去にもう満席になってしまったかというニュアンスです。もし if the program is already full となっていたら「今現在満席かどうか」といった意味になり、キャンセルを期待して「今現在は満席でも今後変わるかもしれない」という気持ちが含まれているニュアンスと読み取れます。

③

In fact, 実際のところ
the registration had to be closed 申し込みは締め切りとしなければならなかった
in three days. 3日間で

語句

□ **in fact** 実際のところ　□ **in three days** 3日後に

読解のポイント

- had to be closed の受動態は「そうせざるを得なかった、自分にはどうしようもできなかった」という事情があるニュアンスを伝えることができます。I had to close the registration. とすると、自分が判断して受付をやめたという感じが含まれるので、ニュアンスが異なります。
- in three days は「(申し込み開始から) 3日後」を表します。「3日以内」であれば within three days と言います。

④

However, due to high demand, ところが、要望の声が多かったため
we are happy to announce 私たちは喜んで発表する
that we have gotten approval 私たちは承認を得ることができたということを
for budget 予算の
to host this event このイベントを開催するための
at the Maxwell Codd Auditorium Maxwell Codd Auditorium で
on 3rd Street. 3番街にある

語句

- □ **due to** ～のせいで、～のおかげで
- □ **demand** 需要
- □ **be happy to *do*** 喜んで～する
- □ **approval** 承認
- □ **budget** 予算
- □ **host** ～を主催する

読解のポイント

- 原因を示すときに使われる表現には、ポジティブな状況で使うもの、ネガティブな状況で使うもの、そしてその両方で使えるものがあります。この文に出てくる due to は両方で使える表現です。「～のせいで」といったネガティブな使われ方のほうが多いですが(例:due to the rain「雨のせいで」)、この文のように結果的に良いことにつながる場面でも使われます。同様に because of もポジティブな場面とネガティブな場面の両方で使われます。主にポジティブな場面で使われるのは owing to と thanks to。on account of はフォーマルな表現で、通常は何らかのトラブルなど、良くない話題の後の事情説明や釈明においてのみ使われます。
- high demand は「高需要」、low demand は「低需要」を表します。

- gotten は get「〜を得る」の過去分詞で、アメリカ英語の発音をする場合はガッンというようにtの音を落として読まれることがあります。また、got も同じく get の過去分詞として使われます。

⑤

All employees may register now 全従業員は今すぐ登録することができる
using this ONLINE FORM. この ONLINE FORM を使って

語句

☐ **may** 〜することができる ☐ **register** 登録する

読解のポイント

- 助動詞の may は「〜してもよい」「〜するかもしれない」という意味でよく使われます。ここでは「〜することができる」という意味で使われています。
- register「登録する」は register for で「〜に申し込む、〜に登録する」という意味で使われます。類義表現として sign up for も一緒に覚えておきましょう。

⑥

The registration will be open お申し込みを受け付けている
until October 3. 10 月 3 日まで

語句

☐ **open** 開いている

読解のポイント

- ここで使われている open は「開いている」という意味の形容詞です。名詞の opening は「(仕事の) 空き」「欠員」という意味。求人広告で頻出です。
- until は前置詞としても接続詞としても使われ、「〜まで (ずっと)」という継続的な意味を表します。10 月 4 日にオンラインフォームでの申し込みができなくなるということがわかります。

⑦

In case you've missed our first announcement,
万が一、最初の発表をあなたが逃してしまっていた場合
this is the first seminar これは最初の講義だ
in our lecture series 私たちの連続講義の
for self-development 自己啓発のための
and maintaining a healthy mental state. そして健康的な心の状態を維持するための

語句

- ☐ **in case** 万が一～の場合には
- ☐ **miss** ～を逃す
- ☐ **announcement** 発表
- ☐ **lecture series** 連続講義
- ☐ **self-development** 自己啓発
- ☐ **mental state** 心の状態

読解のポイント

- in case「万が一～の場合には」は、この文のように過去について述べるときに使われるだけではなく、未来について述べるときにも使われます。未来への言及のときは、ある事態に備えなさいというニュアンスです。例えば、In case there are train delays, check the bus route as well.「万が一電車遅延があったときのために、バスルートも確認しておきなさい」のように使います。ただし、in case に the を加えると意味が変わります。in the case of は「こうなった場合はこうしなさい」という意味であり、あらかじめ備えるというニュアンスではありません。In the case of train delays, take a taxi.「電車遅延があればタクシーに乗りなさい」の場合、この In the case of は In the event of に言い換えることができます。
- state はここでは「状態」という意味の名詞として使われていますが、「～を述べる」という意味の動詞として使われることが非常に多い単語です。

⑧

If interested, もし興味があれば
please save the date of Monday, 予定を空けておいてください
October 10 10 月 10 日月曜日
from 3:00 P.M. to 6:00 P.M. 午後 3 時から午後 6 時までの

語句

☐ **if interested**　もし興味があれば　　☐ **save the date of**　（その日を）空けておく

読解のポイント

- if interested「もし興味があれば」は、if you are interested「もしあなたが興味があるのなら」から主語 + be 動詞を省略した形です。
- Save the date! は広告やイベント告知で見かける文言です。似た表現に Mark your calendars!「カレンダーに印をつけておいて！（このイベントがあることをメモしておいて）」があります。

⑨

The event will feature a lecture　このイベントは講義を目玉とする
by Professor Katie Fieldsman　Katie Fieldsman 教授による
of Woodworth University,　Woodworth 大学の
and her lecture will be followed by chances　講義後に予定されている
for Q&A.　質疑応答の

語句

☐ **feature**　～を目玉とする　　☐ **be followed by**　次に～がある

読解のポイント

- ここでの feature は「～を目玉とする」という意味の動詞として使われています。名詞で「特徴」「機能」の意味もあります。
- follow は「～に続く」という意味の動詞としてよく使われますが、前置詞の following「～に続いて」も一緒に押さえておくとよいでしょう。following を使って文の後半を ... and you will have chances for Q&A following her lecture. と書き換えることができます。

⑩

The last 45 minutes will be a fun workshop　最後の 45 分間は楽しいワークショップだ
related to the lecture content.　講義内容に関連している

語句

□ **related to**　～に関連している　　□ **content**　内容

読解のポイント

- fun「楽しみ」は名詞。fun の形容詞形は funny ですが、これは「おかしな、滑稽な」という意味ですので、ビジネスでの使用には注意が必要です。funny の使い方を間違えると、相手をバカにしたように感じられてしまうことがあります。「おもしろい」と感じたときは、This book is interesting.「この本はおもしろい」のように interesting を使いましょう。

⑪

You may be asked　あなたは求められるかもしれない
to move around　動き回ることを
in the auditorium　講堂の中を
for the workshop,　ワークショップのために
so dress casually.　なのでカジュアルな格好をしてください

語句

□ **auditorium**　講堂　　□ **dress casually**　カジュアルな格好をする

読解のポイント

- ここでは may が使われていますが、may を少々カジュアルにした might も「～かもしれない」の意味です。口語の場合は You might be asked to move around と言うことが多いです。
- be asked to *do*「～するよう求められる」はビジネス文書に頻出ですので、押さえておきましょう。

⑫

Those who register will receive details　申し込んだ人は詳細を受け取る
on parking and entrance　駐車場と入場に関する
by October 5.　10月5日までに

語句

☐ **those who** ～する人たち
☐ **detail** 詳細
☐ **on** ～に関する
☐ **parking** 駐車場
☐ **entrance** 入場
☐ **by** ～までに

読解のポイント

- those who は「～する人たち」という意味で、後ろには動詞＋αが続きます。これは those people who から people が省略された形だと考えてください。
- by「～までに」は締め切りを表します。no later than にも言い換えることが可能です。

⑬

This event will only be accessible to employees
このイベントは従業員のみが参加可能だ
who register in advance, 事前に申し込みをした
so make sure ですので確実にしてください
you tell your friends あなたが友人に話すことを
about it. それについて

語句

☐ **be accessible to** ～が利用できる
☐ **in advance** 事前に

読解のポイント

- be accessible to「～が利用できる」は to 以下に「利用する人」が続きます。主語に来るのは「利用されるもの」です。accessible は「アクセスすることができる」という意味なので、「イベントにアクセスできる」、つまり「イベントに参加できる」という意味になります。
- in advance と advance と advanced を混同しないように注意しましょう。すべて意味が異なります。in advance は「事前に」、advance は「前進する」、advanced は「高度な、上級の」という意味です。

⑭

We hope　私たちは願っている

to see you all there!　そこで皆さんに会えることを

語句

□ **hope to *do***　～することを願う

読解のポイント

- We hope to see you there! は、日本語で言う「お誘い合わせのうえ、お越しください」や「お目にかかれるのを楽しみにしております」といった定型表現です。

この英文を読んだ後、どのような行動に移るべきか

あなたがJSJの従業員で、このイベントに興味がある場合は、まずはオンラインフォームで申し込みをしましょう。そして、申し込み後10月5日までに届く情報を待ちます。万が一その日までに連絡がなかったら、確認のメールをイベント担当者のJustin Peralに送る必要があります。10月10日のイベント当日は動きやすい格好で、Maxwell Codd Auditoriumに向かいます。駐車場と入場に関する指示を守ることをお忘れなく！　最後に講演者のKatie Fieldsman教授に質問することができますので、何か質問を用意しておくとよいでしょう。

Eメール2

Track 7

To: Kenji Tanaka
From: Liz Luscombe
Date: January 12
Subject: Request for job posting

Hi Kenji,

Per our conversation yesterday, I need help recruiting a front-end engineer for our project. Sarah is leaving our team next month and we are in desperate need to fill her spot right away. Could you help me process the following two requests?

1. Request for job posting

I would appreciate it if you can create a job posting on our recruiting page. You have our department and job description already, so the additional text I've created is as follows:

Hi! We are the front-end development team, responsible for making everything appealing to our app users! We have a new project we're working on, and we are seeking an energetic and skillful engineer to join the fun!

Requirements
・5 yrs+ experience in software development
・2 yrs+ experience with React
・Experience with the latest web standards, including HTML5 and CSS
・Familiarity with Jest unit testing

----

2. Contact some agencies

As we need to fill the spot quickly to avoid delays in our projects, could you also contact a few agencies to see if they have contractors who might be able to temporarily help us? In case we can't hire a full-timer, I think we can make do with a few contractors coming in at least 2 days/week. This will be a temporary solution, but it's best to have plan B ready.

By the way, I know we need to comply with regulations and state that we do not discriminate on the basis of race, religion, color, gender, sexual orientation, or age, but I just wanted to share with you my opinion that someone preferably under 35 would fit our team well; our team members are all in their 20s. Of course, qualifications take priority, but I thought this was worth mentioning to the agencies.

Let me know if you need any other information.

Thanks,
Liz

メンバーであるSarahがチームを去るため、追加要員を探さなくてはならないという旨を、Liz Luscombeが人事担当者のKenji Tanakaに宛てて書いたメールです。至急人員確保をしたいということと、どのような人材をどのように確保したいかが述べられています。

訳

宛先：　Kenji Tanaka
差出人：Liz Luscombe
日付：　1月 12 日
件名：　求人情報（掲載）のお願い

こんにちは、Kenji

昨日話をしたように、私たちのプロジェクトのフロントエンドエンジニアを募集するための手助けを必要としています。来月 Sarah が私たちのチームを離れるので、早急に彼女の穴を埋めることが必須です。次の 2 点についてご手配をお願いできませんか。

1. 求人の依頼

採用ページに求人を出してもらえるとありがたいです。あなたはすでに私たちの部署と仕事の詳細に関して(情報を)持っていますね。私が作成した追加の文章は以下のとおりです。

こんにちは！　私たちはフロントエンド開発チームで、すべてをアプリユーザーに訴求する業務の部署です。私たちが取り組んでいる新しいプロジェクトでは、一緒に盛り上げてくれるエネルギッシュでスキルのあるエンジニアを募集しています。

必須要件
・ソフトウエア開発における 5 年以上の経験
・React の 2 年以上の使用経験
・HTML5 と CSS を含む最新の Web 標準の経験
・Jest の単体テストに精通していること

----

2. 人材派遣会社への連絡

プロジェクトの遅れを避けるため、欠員をすぐに補充する必要があるので、人材派遣会社にも何社か連絡していただき、手伝ってくれそうな派遣スタッフがいるかどうかを確認してくれませんか。万が一フルタイムの働き手を雇うことができなければ、少なくとも週 2 回出社可能な派遣の方数名に来ていただいて何とかできると考えています。これはその場しのぎの解決策ですが、代替案を考えておくのがベストです。

ところで、私たちは規則に従う必要があり、人種や宗教、肌の色、性別、性的指向、もしくは年齢による差別はしないと述べる必要があります。ですが、できれば 35 歳以下の人物が私たちのチームにはうまくフィットするだろうという私の意見をお伝えしておきます。私たちのチームのメンバーは、全員 20 代なのです。もちろん資格を持っていることが優先ですが、これは人材派遣会社に伝えておく価値があると思いました。

何か他の情報が必要でしたらお知らせください。

よろしくお願いします。
Liz

スラッシュリーディング用の英文

To: Kenji Tanaka
From: Liz Luscombe
Date: January 12
Subject: Request for job posting

Hi Kenji,

①Per our conversation yesterday, / I need help / recruiting a front-end engineer / for our project. / ②Sarah is leaving our team next month / and we are in desperate need / to fill her spot right away. / ③Could you help me process the following two requests?

④1. Request for job posting

⑤I would appreciate it / if you can create a job posting / on our recruiting page. / ⑥You have our department and job description already, / so the additional text I've created / is as follows:

----

⑦Hi! / ⑧We are the front-end development team, / responsible for making everything appealing / to our app users! / ⑨We have a new project / we're working on, / and we are seeking an energetic and skillful engineer / to join the fun!

⑩Requirements
・5 yrs+ experience / in software development
・2 yrs+ experience / with React
・Experience / with the latest web standards, / including HTML5 and CSS
・Familiarity / with Jest unit testing

----

⑪2. Contact some agencies

⑫As we need to fill the spot quickly / to avoid delays / in our projects, / could you also contact a few agencies / to see if they have contractors / who might be able to temporarily help us? / ⑬In case we can't hire a full-timer, / I think / we can make do with a few contractors / coming in at least 2 days/week. / ⑭This will be a temporary solution, / but it's best / to have plan B ready.

⑮By the way, / I know / we need to comply with regulations / and state / that we do not discriminate / on the basis of race, religion, color, gender, sexual orientation, or age, / but I just wanted to share with you my opinion / that someone preferably under 35 / would fit our team well; / our team members are all / in their 20s. / ⑯Of course, / qualifications take priority, / but I thought / this was worth mentioning / to the agencies.

⑰Let me know / if you need any other information.

Thanks,
Liz

語句・読解のポイント

①

Per our conversation yesterday, 昨日話をしたとおり

I need help 私は手助けが必要だ

recruiting a front-end engineer フロントエンドエンジニアを募集する

for our project. 私たちのプロジェクトのために

語句

☐ **per** 〜のとおり、〜に基づき　☐ **recruit** 〜を募集する

読解のポイント

- per は「〜につき」という意味で、ビジネスメールやビジネスレターに頻出です。per your request「あなたの依頼に基づき」や per our agreement「同意内容に基づき」といった使い方をします。
- help recruiting a front-end engineer の部分は、名詞＋分詞＋ α の語順となっています。分詞＋ α の部分が、前にある名詞 help を修飾する後置修飾の形です。

②

Sarah is leaving our team next month 来月 Sarah が私たちのチームを離れる

and we are in desperate need そして私たちは本当に必要だ

to fill her spot right away. 早急に彼女の穴を埋めることを

語句

☐ **in desperate need** 〜を得るのに必死　☐ **right away** 早急に

☐ **fill one's spot** 〜の穴を埋める

読解のポイント

- be leaving「去ろうとしている」は現在進行形で、すでに近い未来に向かって事が動き始めている様子を表しています。そのため、next month「来月」という未来を表す表現と一緒に使われています。
- desperate には「必死だ」「絶望的だ」という意味があります。ここでは in

desperate need で「必死の状態」、つまりニュアンスとしては「本当に人を採用することが必須で心底困っている」という意味です。依頼事の切実さが増すように desperate が使われることが多いです。

- fill「～を満たす」は、fill in the form「用紙に記入する」と同じで、空いているところに何かを入れるというイメージです。仕事を担う人が抜けた穴を埋めるという意味で、fill one's spot が使われます。

③

Could you help me process the following two requests?

次の 2 点の依頼について処理を手伝っていただけませんか

語句

☐ **process**　～を処理する

読解のポイント

- Could you *do* ～？は、相手の意思に関係なく「やってくださいね」と頼む際に使われる表現です。メールの受け手が求人関連業務を担当していることから、ここで Could you を使っているのは失礼にはあたりません。相手の意向も考慮するのであれば、Would you *do* ～？を使ってお願いするとよいでしょう。

④

1. Request for job posting　1. 求人情報（掲示）の依頼

語句

☐ **request for**　～の依頼　　☐ **job posting**　求人情報

読解のポイント

- job posting は post a job description「業務内容を投稿する」を名詞化した表現。ビジネスメールやビジネスプレゼンテーションでタイトルをつけるときにはできるだけ短くまとめます。ここでは、Request that you post a job description では長すぎますが、Request for job posting だとすっきりして見やすいですね。

⑤

I would appreciate it ありがたいです

if you can create a job posting 求人を出してもらうことができれば

on our recruiting page. 採用ページに

語句

□ **appreciate** ～を感謝する

□ **recruiting page** 採用ページ

読解のポイント

- appreciate it の it の内容は if 以下が表しています。ネイティブ同士のメールでは appreciate の後ろの it が省略されることもありますが、文法的には必要なので、皆さんがビジネスメールを書くときには appreciate it と書きましょう。

⑥

You have our department and job description already,

あなたはすでに私たちの部署と仕事の詳細を持っています

so the additional text I've created それで私が作成した追加の文章は

is as follows: 以下のとおりです

語句

□ **department** 部署

□ **job description** 仕事の詳細

□ **text** 文章

□ **be as follows** 以下のとおり

読解のポイント

- 必要と思われる情報の詳細を渡していることを示すために、文の前半で書き手の認識が述べられています。

⑦

Hi! こんにちは

⑧

We are the front-end development team, 私たちはフロントエンド開発チームです

responsible for making everything appealing
すべてのものを訴求する業務の部署です
to our app users!　アプリユーザーに

語句

- □ **front-end development team**　フロントエンド開発チーム
- □ **responsible for**　～に責任がある
- □ **app**　アプリ
- □ **appealing to**　～に訴求する

読解のポイント

- responsible for「～に責任がある」の前に We are が省略されています。
- making everything appealing to our app users は、make A B「A を B にする」の形です。everything が A、appealing to our app users が B にあたります。
- app「アプリ」は application program の略です。

⑨
We have a new project　私たちには新しいプロジェクトがある
we're working on,　私たちが現在取り組んでいる
and we are seeking an energetic and skillful engineer
そしてエネルギッシュでスキルのあるエンジニアを探している
to join the fun!　楽しいこと（プロジェクト）に参加してくれる

語句

- □ **work on**　～に取り組む
- □ **skillful**　スキルのある
- □ **seek**　～を探す
- □ **join the fun**　楽しい輪の中に加わる
- □ **energetic**　エネルギッシュな

読解のポイント

- seek は「～を探す」という意味の他動詞で、look for や search for に言い換えることが可能です。
- energetic /ènərdʒétɪk/ は「エネルギッシュな」という日本語とはかけ離れた発音なので注意が必要です。
- join the fun の the fun「楽しいこと」は名詞で、前述されたことの言い換え表現

として使われます。ここでは前述のプロジェクトのことを指しています。

⑩

Requirements　必須要件
5 yrs+ experience　5年以上の経験
in software development　ソフトウエア開発における
2 yrs+ experience　2年以上の経験
with React　React を使った
Experience　経験
with the latest web standards,　最新の Web 標準の
including HTML5 and CSS　HTML5 と CSS を含む
Familiarity　精通していること
with Jest unit testing　Jest の単体テストに

語句

- ☐ **requirement**　要件
- ☐ **yrs**　年（= years）
- ☐ **experience with**　～の経験
- ☐ **latest**　最新の
- ☐ **standard**　基準
- ☐ **including**　～を含めて
- ☐ **familiarity with**　～に精通していること
- ☐ **unit testing**　単体テスト

読解のポイント

- ビジネス文章では省略形の表現もよく見かけます。yr(s)「年」、mth(s)「月」、hr(s)「時間」、min(s)「分」、sec(s)「秒」といった形でよく使われます。
- including はここでは「～を含めて」という意味の前置詞として使われています。対義語は excluding「～を除いて」です。
- unit testing「単体テスト」とは、プログラムを構成する単位ごとに、動作確認を行うテストのことを指します。

⑪

2. Contact some agencies　2. 人材派遣会社への連絡

語句

- ☐ **contact**　～に連絡する
- ☐ **agency**　人材派遣会社

読解のポイント

- agency は「人材派遣会社」のこと。「人材派遣会社」は、他にも staffing agency や temporary staff service のような様々な言い方があります。

⑫

As we need to fill the spot quickly 私たちは欠員をすぐに埋める必要があるので
to avoid delays 遅れを避けるため
in our projects, プロジェクトの
could you also contact a few agencies
人材派遣会社にも何社か連絡していただけますか
to see if they have contractors 派遣スタッフがいるかどうかを確認するために
who might be able to temporarily help us?
一時的に私たちを手伝ってくれそうな

語句

☐ **delay** 遅れ
☐ **see if** ～かどうかを確認する
☐ **contractor** 派遣スタッフ
☐ **temporarily** 一時的に

読解のポイント

- temporarily を最後に置いて who might be able to help us temporarily としても日本語訳は同じです。しかし英語では、文全体を修飾しているときに副詞が文の冒頭や最後にあることが多いです。ここでは help の直前に置くことで、派遣される要員は「暫定的な助け」であり、あくまでも仮の対応であるというニュアンスが強くなっています。

⑬

In case we can't hire a full-timer, 万が一フルタイムの働き手を雇うことができなければ
I think 私は考えています
we can make do with a few contractors 派遣の方数名に来ていただいて何とかできる
coming in at least 2 days/week. 少なくとも週２回出社可能な

語句

□ **full-timer**　フルタイムの働き手　　□ **2 days/week**　１週間に２日
□ **make do with**　～を使って何とかする、間に合わせる

読解のポイント

- make do with は「代替品で何とかする」「何とか間に合わせる」という意味です。ここでは代替案としての人材派遣によってプロジェクトに遅延を生じさせないということを意味しています。
- 2 days/week の読み方には two days per week と two days a week とがあります。

⑭

This will be a temporary solution,　これはその場しのぎの解決策です
but it's best　しかしこれがベストです
to have plan B ready.　代替案も考えておくことが

語句

□ **temporary**　一時的な　　□ **plan B**　代替案
□ **solution**　解決策

読解のポイント

- plan B は「計画どおり物事が進まなくなったときの次の手」「代替案」を意味します。計画を変更するときは We'll go with plan B.「代替案のほうで行きましょう」のように言います。

⑮

By the way,　ところで
I know　私は知っています
we need to comply with regulations　私たちは規則に従う必要がある
and state　そして述べる
that we do not discriminate　私たちは、差別はしないということを
on the basis of race, religion, color, gender, sexual orientation, or age,
人種や宗教、肌の色、性別、性的指向、もしくは年齢による

but I just wanted to share with you my opinion　ですが、私の意見をお伝えしたい
that someone preferably under 35　できれば35歳以下の人物が
would fit our team well;　私たちのチームには良い感じでフィットするだろう
our team members are all　私たちのチームのメンバーは全員
in their 20s.　20代なのです

語句

- □ **comply with**　～に従う
- □ **discriminate**　差別する
- □ **on the basis of**　～に基づいて
- □ **race**　人種
- □ **religion**　宗教
- □ **color**　肌の色
- □ **gender**　性別
- □ **sexual orientation**　性的指向
- □ **just want to *do***　～したいだけ
- □ **share with A B**　AにBを共有する
- □ **preferably**　できれば
- □ **well**　良い感じで
- □ **be in one's 20s**　20代である

読解のポイント

- 「A、もしくはB、もしくはC、もしくはD」は、英語ではA, B, C, or Dのように表します。カンマで語句をつないでいき、最後になる語句の前にカンマ＋orをつけて終わらせるようにします。on the basis of～の部分でどのように条件が列挙されているかを確認してください。
- share with A B「AにBを共有する」はshare B with Aの語順で表すこともできるので、ここでのshare with you my opinionはshare my opinion with youとなります。

⑯
Of course,　もちろん
qualifications take priority,　資格を持っていることが優先です
but I thought　ですが、私は思うのです
this was worth mentioning　これは伝えておく価値があると
to the agencies.　人材派遣会社に

語句

- □ **qualification**　資格を持っていること
- □ **take priority**　優先される
- □ **be worth *doing***　～する価値がある
- □ **mention**　～を述べる

⑰

Let me know お知らせください

if you need any other information. 何か他の情報が必要でしたら

語句

☐ **any other** 何か他の

読解のポイント

- information は不可算名詞です。他にも advice「助言」や equipment「機材」なども代表的な不可算名詞です。

この英文を読んだ後、どのような行動に移るべきか

あなたがメールの受け手のKenji Tanakaであれば、至急エンジニアを募集するために以下の行動を取る必要があることを理解できましたか。

まずは自社サイトの求人ページに、(1) Liz Luscombeの部署情報 (2)フロントエンジニアの職種情報 (3)新たにメールでLizからもらった必須要件を掲示しましょう。そして、万が一自社サイトから採用ができなかった場合に備えて、人材派遣会社にも連絡するように求められています。協力を求めるときに伝えるべき情報は、(1) 自社サイトに掲示する内容 (2) 至急人材が必要であり、フルタイムスタッフが採用できるまでの一時的な派遣依頼であること (3) 週2日以上働ける人を複数名採用することも可能 (4) チームメンバーが20代なので、35歳くらいまでの年齢の人がフィットしそうだという意見です。

また冒頭にあるとおり、昨日、本件についてLizと会話もしているので、そこで聞いたことも考慮したうえで動けるとLizの助けになるでしょう。

Eメール3

Track 8

To: Emi Sakai
From: David Lee
Date: April 8
Subject: Re: Request for wallpaper samples

Dear Ms. Sakai,

Thank you for sending us a request for wallpaper samples. We sent them out yesterday. You should receive them on April 11.

I wanted to let you know that, unfortunately, sample #9 has been discontinued. We forgot to take #9 out of the sample booklet, so please take note of this. You will see that sample #25 has a very similar tone to #9 but with a slightly different texture. #25 has a slight glaze because it has been coated to make it waterproof and dirt-repellant. In fact, I am using #25 in my kitchen, and it still looks clean after 2 years. I hope there is something that suits your taste in the sample booklet.

Please let us know if you have any questions regarding the samples or if you need any assistance arranging a wallpaper installer to get the work done. We work closely with Colorfield Beauty. They can have workers come to put up wallpaper on a day of your choice, including weekends. The plans start as low as $500.

We hope to hear from you once you have had a chance to look through our samples.

Best regards,

David Lee
Customer Relationship Manager

Luxury Housing Goods, Inc.
48 Azusa Rd, Las Vegas, NV 89109
info@luxuryhousing-gg.com

Luxury Housing Goods社の顧客関係部門に所属するDavid Leeが、壁紙のサンプルを依頼したEmi Sakaiへ宛てたEメールです。壁紙のサンプルカタログに関する留意点と、付加サービスに関する内容が記載されています。

訳

宛先： Emi Sakai
差出人：David Lee
日付： 4月8日
件名： Re: 壁紙サンプルの依頼

Sakai 様

壁紙サンプルのご依頼をお送りいただきましてありがとうございます。サンプルは昨日発送いたしました。4月11日にお届けの予定です。

申し訳ございませんが、サンプル番号9番は製造中止となっていることをお伝えしなくてはなりません。9番のサンプルをサンプルカタログから外すことを失念しておりましたので、ご了承ください。なお、サンプル番号25番は9番に非常に色調が似ていますが、質感は少しだけ違うことがおわかりいただけると思います。25番は少し光沢がありますが、それは防水加工して汚れをはじくように表面がコーティングされているからです。実は、私は台所では25番を使用しており、2年経ってもいまだに綺麗なままです。サンプルカタログの中にあなたのお好みに合うものがありますことを願っております。

サンプルについてご質問のある場合、または壁紙取付会社の手配のお手伝いが必要でしたらお知らせください。当社はColorfield Beauty社と連携しております。週末も含め、お客様がご指定の日に、作業員を手配して壁紙を設置することが可能です。プランは500ドルという安い価格から設定されております。

サンプルをご覧いただき、ご連絡いただけることを願っております。

よろしくお願いいたします。

David Lee
顧客関係マネージャー

Luxury Housing Goods社
48 アズサ通り、ラスベガス市、ネバダ州 89109
info@luxuryhousing-gg.com

スラッシュリーディング用の英文

To: Emi Sakai
From: David Lee
Date: April 8
Subject: Re: Request for wallpaper samples

Dear Ms. Sakai,

①Thank you for sending us a request / for wallpaper samples. / ②We sent them out yesterday. / ③You should receive them / on April 11.

④I wanted to let you know that, / unfortunately, / sample #9 has been discontinued. / ⑤We forgot / to take #9 out of the sample booklet, / so please take note of this. / ⑥You will see / that sample #25 has a very similar tone to #9 / but with a slightly different texture. / ⑦#25 has a slight glaze / because it has been coated / to make it waterproof and dirt-repellant. / ⑧In fact, / I am using #25 in my kitchen, / and it still looks clean after 2 years. / ⑨I hope / there is something / that suits your taste / in the sample booklet.

⑩Please let us know / if you have any questions / regarding the samples / or if you need any assistance / arranging a wallpaper installer / to get the work done. / ⑪We work closely with Colorfield Beauty. / ⑫They can have workers / come to put up wallpaper / on a day of your choice, / including weekends. / ⑬The plans start / as low as $500.

⑭We hope to hear from you / once you have had a chance / to look through our samples.

Best regards,

David Lee
Customer Relationship Manager

Luxury Housing Goods, Inc.
48 Azusa Rd, Las Vegas, NV 89109
info@luxuryhousing-gg.com

語句・読解のポイント

①

Thank you for sending us a request
ご依頼を弊社に送っていただきありがとうございます
for wallpaper samples. 壁紙のサンプルの

語句

☐ **wallpaper** 壁紙

読解のポイント

- request for は「～の依頼」という定型表現です。

②

We sent them out yesterday. それらは昨日発送いたしました

語句

☐ **send out ～ / send ～ out** ～を発送する

読解のポイント

- send out は句動詞。句動詞とは多くの場合、動詞＋前置詞・副詞で構成されて 2 語で動詞の役割をします。句動詞の中には動詞と前置詞の間に単語を挟めるものと挟めないものがあり、send out は単語を挟める句動詞。そのため、send out の間に them、つまり壁紙サンプルを示す単語が入っています。なお、代名詞を句動詞の後ろに置くことはできません。そのため send out them とは言えない点にも留意しましょう。

③

You should receive them あなたはそれを受け取ることができます
on April 11. 4 月 11 日に

読解のポイント

- この should は「当然～する」という意味。ここでは「あなたは当然のように、4月 11 日に確実にそれを受け取ることになります」というニュアンスを表します。
- この文では受け取り日付を明記しています。on ＋日付はその日に配達されるという意味です。by ＋日付は「～日までに」、after ＋日付は「～日より後に」、そして in ＋日付は「～日後に」という意味。日付の理解ミスは業務に支障をきたしますので、注意して読みましょう。

④

I wanted to let you know that, お伝えしなくてはいけません

unfortunately, 残念ながら、

sample #9 has been discontinued. サンプル番号 9 番は製造中止となっていることを

語句

□ **#9** 番号 9　　□ **discontinue** ～を製造中止にする

読解のポイント

- # は number「番号」を表します。ここでの読み方は number nine です。また、# にはもう 1 つ読み方があります。電話の操作指示に「1 の後にシャープを押してください」といった表現がありますが、英語では Push 1 and then the pound key. と言います。pound の発音はパウンドに近いです。

⑤

We forgot 私たちは忘れておりました

to take #9 out of the sample booklet,

9 番のサンプルをサンプル掲載の小冊子から外すことを

so please take note of this. ですので、ご了承ください

語句

□ **take A out of B** A を B から外す　　□ **take note of** ～を知っておく

□ **booklet** 小冊子

読解のポイント

- take A out of B は take out という句動詞を分けたフレーズです。句動詞を前に出して take out A from B と言い換えることもできます。その場合、本文の表現は take out #9 from the sample booklet となります。
- 「小冊子」は brochure や pamphlet に言い換えることが可能です。この他、宣伝に活用されるものの名称として、製本せずに折りたたんでいる冊子は leaflet、そして 1 枚のチラシは flier と呼ばれます。

⑥

You will see おわかりいただけると思います

that sample #25 has a very similar tone to #9

サンプル番号 25 番は 9 番に非常に色調が似ています

but with a slightly different texture. しかし質感は少しだけ違います

語句

☐ **see** ～を理解する
☐ **similar to** ～に似ている
☐ **tone** 色調
☐ **texture** 質感

読解のポイント

- but with a slightly different texture の後ろに from #9 が省略されています。

⑦

#25 has a slight glaze 25 番は少し光沢があります

because it has been coated それは表面がコーティングされたからです

to make it waterproof and dirt-repellant. 防水加工して汚れをはじくように

語句

☐ **slight** 少しの
☐ **glaze** 光沢
☐ **coat** ～をコートする
☐ **waterproof** 防水加工した
☐ **dirt-repellant** 汚れをはじく

読解のポイント

- it has been coated は受動態で、#25 の壁紙がコーティングされたことを表しています。
- make it waterproof and dirt-repellant の it は #25 を指し、それを waterproof and dirt-repellant の状態にすることを表しています。

⑧

In fact, 実は
I am using #25 in my kitchen, 私は台所では 25 番を使用しており
and it still looks clean after 2 years. 2 年経ってもいまだに綺麗なままです

語句

□ **in fact** 実際、実は、むしろ　　□ **still** いまだにずっと

読解のポイント

- In fact には 2 つの意味があります。1 つ目は、ここでの用法のように今の話題について事実をつけ加えるときの用法、そしてもう 1 つは相手の発言を否定したいときの用法です。「むしろこれが事実なんです」といった反対意見を伝えるときに使えます。

例 A: We probably won't get a bonus this year, given the outlook on sales.
（売上予測から考えると、今年はボーナスがもらえなさそうだね）
B: I disagree. In fact, our data shows that there are more people buying our products, mainly online.
（同意できないな。むしろ我々のデータを見ると、より多くの人が主にオンラインで買い物しているよ）

⑨

I hope 私は願っております
there is something 何かがあることを
that suits your taste あなたのお好みに合う
in the sample booklet. サンプル小冊子の中に

語句

☐ **suit**　～に合う
☐ **taste**　好み

読解のポイント

- I hope の後ろには接続詞の that が省略されています。
- 一方、something の後ろにある that は主格の関係代名詞なので、省略することはできません。

⑩

Please let us know　お知らせください
if you have any questions　ご質問があったり
regarding the samples　サンプルについて
or if you need any assistance　もしくはお手伝いが必要でしたら
arranging a wallpaper installer　壁紙取付会社の手配
to get the work done.　作業をさせるための

語句

☐ **assistance**　手伝い
☐ **installer**　取付会社
☐ **arrange**　～を手配する
☐ **get ～ done**　～を終えた状態にする

読解のポイント

- assistance は不可算名詞なので、前に冠詞の an を置いたり語尾に -s をつけたりしないようにしてください。
- arrange 人 to *do* は「人に～させる手配をする」という意味になります。arrange for「～の手配をする」は、部下に何かの手配をさせることを誰かに報告するとき、または取引会社に何かをしておいてもらうように頼むときなどに使います。

⑪

We work closely with Colorfield Beauty.
当社は Colorfield Beauty 社と密接に連携しております

語句

□ **work closely with**　～と密接に仕事をする

読解のポイント

- work with は自動詞＋前置詞からなる句動詞です。work closely with のように、句動詞を構成する単語の間に副詞が入るパターンです。

⑫

They can have workers　彼らは作業員に～させる
come to put up wallpaper　壁紙を設置しにいく
on a day of your choice,　あなたが指定した日に
including weekends.　週末も含め

語句

□ **come to *do***　～しにくる　　□ **put up wallpaper**　壁紙を設置する

読解のポイント

- ここで言う They は Colorfield Beauty 社の担当者たちのことです。have 人 come で、～に来させるという意味。担当者らが作業員を手配し、壁紙の設置をさせることができるということを表します。
- of your choice は定型表現です。day of your choice で「あなたが指定した日」、color of your choice で「あなたが指定した色」、size of your choice で「あなたが指定したサイズ」となり、サービスや商品のカスタマイズについて話し合うときによく使われます。

⑬

The plans start　プランは始まります
as low as $500.　500 ドルという安い価格から

語句

□ **as low as**　～という低さで

読解のポイント

- start as low as の as は、形容詞や副詞を強調したいときに使われます。Cafes in the airport open as early as 5 A.M. なら「空港内のカフェは朝 5 時という早い時間から空いている」の意味で、朝 5 時が早いことを強調しています。

⑭

We hope to hear from you　ご連絡をいただけることを願っております
once you have had a chance　ひとたびあなたが機会を得たら
to look through our samples.　サンプルにあなたが目を通す

語句

□ **hear from**　～から連絡が来る
□ **look through**　～に目を通す
□ **once**　ひとたび～すると

この英文を読んだ後、どのような行動に移るべきか

あなたがEmi Sakaiだったら、どのような行動を取ればいいでしょうか。まずは、依頼していた壁紙サンプルを4月11日に受け取ります。万が一届かなかったら、David Leeに連絡する必要があります。無事届いたら内容を確認し、気に入ったものがあれば、自分で壁紙を貼るか、壁紙取付会社に頼むかを判断しましょう。取付会社に依頼する場合は依頼候補のリサーチを開始し、500ドル以上の予算がある場合は、Luxury Housing Goods社の提携先であるColorfield Beauty社からも見積もりがほしい旨をDavid Leeに連絡しましょう。

Eメール4

Track 9

To: Keiko Hayashi
From: Samantha Gilroy
Date: September 16
Subject: We can't wait to see you!
Celebration Schedule

Dear Ms. Hayashi,

With our 50th anniversary celebration fast approaching on November 1, I wanted to touch base with you and provide you with some updates.

EVENT SCHEDULE
We have the full schedule for our celebration ready! Please take a look at the attachment. Should you need to make travel plans, we have blocked some rooms at Winford Resort and Spa for your ultimate getaway. The venue for our event is a 15-minute drive from the hotel. We will have a complimentary shuttle dedicated to our guests running every half hour. Please CLICK HERE and check the announcement for more details on accommodation.

SHOP OUR ANNIVERSARY LINE
We have a variety of products available to celebrate our 50th anniversary in style. From special golf balls and tees to specially designed wine glasses, we have something to help you give a toast to our journey to success. See our selection of limited-time products on our online store.

SURVEY (←Click here)
Let us know about your favorite memory or moment that reminds you of us. We are waiting to hear about some treasured products or a lifelong memorable story that gives you goosebumps. We plan to have big screens placed around the beautiful event venue displaying what we hear from valued customers like you.

Thank you again for reserving your spot for this event. We can't wait to see you in November!

Sincerely,

Samantha Gilroy
General Affairs Manager

Lucia International
120 Whitely East, Singapore 738547
Visit our special page dedicated to our 50th anniversary! >> https:///www.lucia-intl.com/fiftieth

Lucia International社の50周年記念式典に参加を申し込んでいるKeiko Hayashiが、イベント運営者のSamantha Gilroyから受け取ったEメールです。イベント当日のスケジュールや現在販売中の期間限定商品の案内、またイベント参加にあたっての依頼事項が述べられています。

訳

宛先：　Keiko Hayashi
差出人：Samantha Gilroy
日付：　9月16日
件名：　あなたにお会いするのを待ちきれません！
式典の予定

Hayashi 様

11月1日の50周年記念式典を目前に控え、最新情報をお伝えいたします。

イベントスケジュール
式典のためのすべてのスケジュールが整いました。添付ファイルをご覧ください。お客様に旅行のご予定がある場合、Winford Resort and Spaにて最高の休暇をお楽しみいただけるようお部屋をご用意しております。イベントの会場はホテルから車で15分のところにあります。お客様専用の無料のシャトルバスを、30分ごとにご用意いたします。こちらをクリックしていただき、宿泊に関する詳細なお知らせをご確認ください。

記念グッズをお買い求めください
50周年記念として様々なおしゃれな製品をご用意しております。特製のゴルフボールやティーから、特注でデザインされたワイングラスまで、私たちの成功への道のりを祝うためのものをご用意しております。当社のオンラインストアにて、期間限定の製品をご覧ください。

アンケート（←ここをクリック）
私たちにまつわる、お気に入りの思い出や特別な瞬間について教えてください。あなたに鳥肌を立たせるようなお宝として扱われている製品や一生の記憶に残る話をお聞きできるのをお待ちしております。あなたのような大切なお客様から伺ったことを映し出す大きなスクリーンを、美しいイベント会場の周りに設置する予定となっています。

改めまして、このイベントの席をご予約いただき感謝申し上げます。11月にお会いできることを楽しみにしております！

どうぞよろしくお願いいたします。

Samantha Gilroy
総務部長

Lucia International
120 Whitely East, Singapore 738547
私たちの50周年記念専用特別ページをご覧ください！ >> *https://www.lucia-intl.com/fiftieth*

スラッシュリーディング用の英文

To: Keiko Hayashi
From: Samantha Gilroy
Date: September 16
Subject: We can't wait to see you!
📎 Celebration Schedule

Dear Ms. Hayashi,

①With our 50th anniversary celebration fast approaching / on November 1, / I wanted to touch base with you / and provide you / with some updates.

②**EVENT SCHEDULE**
We have the full schedule / for our celebration / ready! / ③Please take a look at the attachment. / ④Should you need to make travel plans, / we have blocked some rooms / at Winford Resort and Spa / for your ultimate getaway. / ⑤The venue / for our event / is a 15-minute drive / from the hotel. / ⑥We will have a complimentary shuttle / dedicated to our guests / running every half hour. / ⑦ Please CLICK HERE / and check the announcement / for more details / on accommodation.

⑧**SHOP OUR ANNIVERSARY LINE**
We have a variety of products available / to celebrate our 50th anniversary / in style. / ⑨From special golf balls and tees / to specially designed wine glasses, / we have something / to help you give a toast / to our journey / to success. / ⑩See our selection / of limited-time products / on our online store.

⑪**SURVEY (←Click here)**
Let us know / about your favorite memory or moment / that reminds you of us. / ⑫We are waiting to hear / about some treasured products / or a lifelong memorable story / that gives you goosebumps. / ⑬We plan to have big screens placed / around the beautiful event venue / displaying what we hear from valued customers / like you.

⑭Thank you again / for reserving your spot / for this event. / ⑮We can't wait to see you / in November!

Sincerely,

Samantha Gilroy
General Affairs Manager

Lucia International
120 Whitely East, Singapore 738547
Visit our special page dedicated to our 50th anniversary! >> https:///www.lucia-intl.com/fiftieth

語句・読解のポイント

①

With our 50th anniversary celebration fast approaching
50周年記念式典を目前に控え
on November 1, 11月1日の
I wanted to touch base with you あなたにご連絡を差し上げ
and provide you そしてあなたに提供したい
with some updates. 最新の情報を

語句

☐ **anniversary** 記念祭
☐ **celebration** 祝賀会、式典
☐ **touch base with** ～に連絡する
☐ **provide A with B** AにBを提供する
☐ **update** 最新の情報

読解のポイント

- 最初のwithは「付帯状況のwith」と呼ばれるものです。with A Bで「A（名詞）がBという状態で」という意味を持ちます。
- touch base withは一般的に、すでに連絡を取ったことがある人に対して使う表現です。比較的カジュアルな場面で使うことが多いものの、このEメールでは「お得意様」である相手への親近感を示すために、くだけた表現が使われていると考えられます。

②

EVENT SCHEDULE イベントスケジュール
We have the full schedule 完全なスケジュールがあります
for our celebration 式典の
ready! 準備完了

語句

☐ **full schedule** すべてを網羅したスケジュール

読解のポイント

- We have the schedule ready.「スケジュールの準備ができた（スケジュールが確定した）」の中にいくつかの修飾語が入った文です。
- full schedule には「スケジュールすべてがある」という意味と「すべてのスケジュールが埋まっている（多忙）」という2つの意味があります。このEメールの書き手は自分の忙しさをアピールしているのではなく、お得意様にイベントの詳細を伝えているのですから、前者の「全スケジュールの通達」を意味するとわかります。
- our celebration ready は名詞＋形容詞の語順になっています。

③

Please take a look at the attachment.　添付ファイルをご覧ください

語句

☐ **attachment**　添付されているもの

読解のポイント

- この段落ではスケジュールの情報が揃ったことを前の文で述べたうえで、Please take a look at the attachment.「それを見てください」と依頼しています。添付ファイルについて述べる場合は、このようにtake a look atやcheckといった表現を使って「見てください」や「ご確認ください」といった具体的な依頼表現を使う場合と、Please find attached ～. (→ p. 31) のように「～を添付しました」と添付ファイルがある事実を伝える方法とがあります。

④

Should you need to make travel plans,
もしあなたが旅行を計画する必要があるのであれば
we have blocked some rooms　私たちはいくつかの部屋を確保しました
at Winford Resort and Spa　Winford Resort and Spa の
for your ultimate getaway.　あなたの最高の休暇のために

語句

☐ **should you**　もしあなたが～するのであれば　☐ **block a room**　部屋を確保する

☐ **ultimate**　究極の　　☐ **getaway**　休暇

読解のポイント

- Should you ～, は If you should ～, に言い換えることが可能です。Should you ～, のほうがフォーマルな表現です。
- ultimate の副詞 ultimately「究極的に」も一緒に押さえておきましょう。
- ultimate getaway は宿泊施設の広告によく見られる表現です。

⑤

The venue　会場
for our event　イベントのための
is a 15-minute drive　車で 15 分のところにあります
from the hotel.　ホテルから

語句

☐ **venue**　会場　　☐ **be a ～ drive**　車で（～［時間］かかる）ところにある

読解のポイント

- ～ -minute drive で「車で～分」を表します。ハイフンの後ろは単数形です。同じ形で、～ -minute walk「歩いて～分」や～ -minute train ride「電車で～分」といった表現も使われます。

⑥

We will have a complimentary shuttle　無料のシャトルバスをご用意いたします
dedicated to our guests　お客様専用の
running every half hour.　30 分ごとに走る

語句

☐ **complimentary**　無料の　　☐ **dedicated to**　～に捧げた、～専用の
☐ **shuttle**　シャトルバス　　☐ **every half hour**　30 分ごとに

読解のポイント

- complimentary は free などに言い換えることができますが、complimentary に

はおもてなしのニュアンスが含まれるのに対して、free は価格が無料であることだけに焦点をあてた表現です。

- 本来の dedicated to の意味は「～に捧げた」です。本の前書きで This book is dedicated to my wife, Jennifer.「この本を妻 Jennifer に捧ぐ」のように書かれているのをよく目にします。しかしビジネスにおいては派生の意味で、「～専用の」という形で使われています。ここでは「お客様専用」の意味。
- dedicated to our guests と running every half hour は、いずれも a complimentary shuttle を後ろから説明しています。

⑦

Please <u>CLICK HERE</u>　こちらをクリックしてください

and check the announcement　そしてお知らせをご確認ください

for more details　より詳細な

on accommodation.　宿泊に関する

語句

□ **accommodation**　宿泊

読解のポイント

- accommodation の動詞形である accommodate は、「～を宿泊させる」や「～に便宜を図る」という意味でよく使われる重要な単語です。
- Check ～ for more details.「詳細は～で確認してください」はよく見られる表現ですので、定型表現として頭に入れておきましょう。

⑧

SHOP OUR ANNIVERSARY LINE　記念グッズをお買い求めください

We have a variety of products available

私たちは入手できる様々な製品をご用意しております

to celebrate our 50th anniversary　50周年記念を祝うための

in style.　おしゃれに

語句

□ **shop**　～を購入する　　□ **anniversary line**　記念グッズ

☐ **available**　入手できる　☐ **in style**　おしゃれな

読解のポイント

- shop は、ここでは「〜を購入する」という意味の動詞です。
- a variety of products available は、名詞 products を a variety of が前から修飾し、後ろからは available が修飾しています。
- 後半は、celebrate in style「おしゃれに祝う」という定型表現の間に our 50th anniversary という表現が挟まれています。

⑨

From special golf balls and tees　特製のゴルフボールやティーから
to specially designed wine glasses,　特注でデザインされたワイングラスまで
we have something　私たちは何かをご用意しております
to help you give a toast　あなたが祝う助けになるものを
to our journey　私たちの旅を
to success.　成功への

語句

☐ **tee**　（ゴルフで使われる）ティー　☐ **give a toast**　乾杯する
☐ **specially**　特別に

読解のポイント

- designed は、be designed for「〜のためにデザインされる」という表現もあります。
- give a toast は「乾杯する」という意味です。しかし、ゴルフボールやティーで乾杯するわけではないので、ここでは「祝う」という広い意味で使われていると理解しましょう。
- journey to success はよく使われる定型表現です。journey「旅」という言葉が、成功に至るまでの道のりを比喩的に表しています。

⑩

See our selection　私たちのえりすぐりのものをご覧ください
of limited-time products　期間限定の製品を
on our online store.　当社のオンラインストアにて

語句

☐ **selection**　えりすぐりのもの　☐ **limited-time**　期間限定の

読解のポイント

- online はここでは「オンラインの」という意味の形容詞として使われていますが、「オンラインで」という意味の副詞としてもよく使われます。
- 実店舗を指すときの前置詞は at ですので at our store となりますが、オンラインストアの場合はこの文のように前置詞は必ず on で、on our online store と言います。

⑪

SURVEY (←Click here)　アンケート（←ここをクリック）
Let us know　お知らせください
about your favorite memory or moment　お気に入りの思い出や瞬間について
that reminds you of us.　あなたに私たちのことを思い出していただけるような

語句

☐ **survey**　アンケート、調査　☐ **remind A of B**　A に B を思い出させる

読解のポイント

- この文は命令文で、強い希望が込められていることがわかります。「ぜひとも」お客様の思い出についての連絡がほしいという思いをこの文から感じ取ることができます。

⑫

We are waiting to hear　私たちは聞くことができるのをお待ちしております
about some treasured products　お宝として扱われている製品について
or a lifelong memorable story　もしくは一生の記憶に残る話について
that gives you goosebumps.　あなたに鳥肌を立たせるような

語句

☐ **treasured**　お宝とされている　☐ **lifelong**　一生の

☐ **memorable**　記憶に残る　　☐ **goosebump**　鳥肌

読解のポイント

- treasured products の treasured は treasure「宝物」が形容詞化した単語。ずっと大事にされているものを意味します。客（読み手）が宝物のように大切にしている Lucia International の製品を指しています。
- 「鳥肌が立つ」は get goosebumps と言います。

⑬

We plan to have big screens placed
私たちは大きなスクリーンを設置する予定となっています
around the beautiful event venue　美しいイベント会場の周りに
displaying what we hear from valued customers
大切なお客様から伺ったことを映し出す
like you.　あなたのような

語句

☐ **display**　～を展示する　　☐ **valued customer**　得意客

読解のポイント

- 先行詞を含んだ関係代名詞の what は、後ろに主語＋動詞＋ α、もしくは動詞＋ α が続きます。what she said であれば「彼女が言ったこと」、what is expected であれば「期待されること」という意味になります。
- valued customers like you「あなたのような大切なお客様（得意客）」は手紙やメールマガジンでよく見かける表現です。このお知らせが得意客宛のものだということがわかります。

⑭

Thank you again　改めましてありがとうございます
for reserving your spot　席をご予約いただき
for this event.　このイベントの

語句

☐ **reserve** ～を予約する ☐ **spot** 席

⑮

We can't wait to see you お会いできることを楽しみにしております
in November! 11月に！

語句

☐ **can't wait to *do*** ～を楽しみにしている

読解のポイント

- can't wait は「待つことができない」、つまり「待ちきれない」が転じて「楽しみにしている」という意味です。We can't wait to see you. の他に、We can't wait to hear from you.「ご連絡をいただくのを心待ちにしています」といった定型表現があります。

この英文を読んだ後、どのような行動に移るべきか

あなたがLucia International社の50周年記念式典に参加を申し込んでいる場合、まずはメールに添付されているスケジュール表を確認しましょう。次に、宿泊場所を確保していない場合は、メール内のリンクをクリックして、Winford Resort and Spaの滞在プランを確認しましょう。ホテルの宿泊条件や、近隣施設の宿泊費や交通の便を比較するとよいでしょう。

このお知らせには2つの依頼がありました。1つ目はshop our anniversary lineです。オンラインストアで期間限定の製品を確認し、当日のお祝いに役立ちそうなものをぜひ入手してほしいと述べられています。気に入るものがないか、見てみましょう。2つ目は、思い出の品について教えてほしいという依頼でした。SURVEYをクリックすると出てくるフォームから、思い出の品に関する情報を提供しましょう。

TIPS

単語の接頭辞・接尾辞について

知らない単語を見つけたとき、辞書を引いて調べる余裕がない場合にはある程度意味を推測して前に読み進めましょう。日本語で読み方がわからない漢字があっても部首からある程度推測して読み進めることができるのと同じように、英語でも接頭辞・接尾辞から推測することが可能です。まずは下記の意味を覚えておくとよいでしょう。なお、同じ接頭辞・接尾辞でも複数の意味を持つものがあります。例えばexには、「外へ」という意味と「過去の」というまったく異なる意味があります。多くの英文を読んでいくうち、感覚的に文脈から意味の違いがわかるようになってきます。

接頭辞	意味	単語例
a- de- dis- il- im- in- ir- non- un-	否定を示す	atheist(無神論者), apolitical(政治に関心のない) decentralize(分散する), devalue(価値を下げる) disagree(同意しない), disadvantage(不利) illegal(違法), illogical(ロジカルではない) impossible(できない), impatient(せっかちな) inadequate(不十分な), incapable(無能な) irregular(不規則な), irresponsible(無責任な) nonfiction(ノンフィクション), nonexistent(存在しない) unknown(知られていない), unusual(普通ではない)
anti- contra- counter-	反対の	antibiotic(抗生の), antivirus(抗ウイルス) contradict(矛盾する), controversial(物議をかもす) countereffect(反対効果), counterpart(相対物)
co-	一緒に	coauthor(共著者), cofounder(共同創設者)
ex-	外へ 過去の	export(輸出する), exterior(外観) ex-president(前社長), ex-member(元メンバー)
in-	中へ	interior(内装), include(含む)
re-	再度	replace(置き換える), rewrite(書き直す)
mis-	間違った	mistake(間違い), misunderstand(誤認識)
pre- post-	前に 後に	prepaid(前払いの), prearrange(事前に手配する) postpone(延期する), postdoctoral(博士号取得後の)
pro-	賛成 前に	pro-life(命の尊重賛成派＝妊娠中絶合法化反対派) pro-choice(妊娠中絶合法化支持派) prologue(プロローグ), promote(促進する)

Suffix	意味	単語例
-able -ible	できる	controllable(管理できる), agreeable(同意できる) edible(食べられる), flexible(柔軟である)
-ful	～に満ちた	beautiful(美しさに満ちた), joyful(楽しさに満ちた)
-less	なしに	endless(終わることのない), speechless(声が出ない)
-ly	～の様子・状態で	quickly(速く), smoothly(スムーズに)
-ness	状態	happiness(嬉しさ), brightness(明るさ)
-y	～の様子・状態で	windy(風が吹いている), crunchy(サクサクする)

Eメール5

Track
10

To: All staff
From: Paula Kim
Date: February 18
Subject: Getting through our next few days

Dear employees,

We write with concern for you and your family in the face of the large social consequences the floodwaters have caused. We would like to give you an update on our efforts to support our employees during this challenging time. As we all work to stay safe, we are here to support the entire Pacific Loren community.

Three days ago, we were hit with an unprecedented flood, and many residents in this town found themselves submerged. We are aware that many of our staff members are still in the process of hauling sewage-soaked furniture from their homes. Fortunately, we were able to reach every one of our employees; thank you all for writing back and returning our calls.

Like most companies in our neighborhood, our factory hasn't been able to restart its operations. We want you to know how management has rallied to the challenge.

- Our main office has only been slightly damaged. The general affairs department has put everything back in order and we will be reopening our office tomorrow. Please come to work only if you can. If you cannot do so yet, please let your supervisor know.

- For those of you who have relocated to temporary housing away from our office and can work online, we are prepared to have you do so. Please discuss your needs with your supervisor. All supervisors will be checking your personal needs and will report back to management.

- It may take up to two weeks to get the machinery in our factory up and running. Factory workers, please rest assured that you will be paid fully during this period. You will not have to come to work until further notice.

We are aware that many of you are facing the challenges of an unexpected move. You may be experiencing financial and logistical challenges. We have a phone line set up to support you with relocation, getting food and health kits, and discussing other measures of support we may be able to provide. Please call us between 7 A.M. and 9 P.M. at 555-1161 if you require assistance.

We have been inundated with offers of local, national, and global assistance willing to provide generous support. The management team is committed to supporting all of our employees. We know that the upcoming weeks and months will be difficult; however, let's stay positive and get through this together. Your supervisor should get in touch with you in the next 24 hours.

Stay strong,
Paula Kim
CEO, Pacific Loren Corporation

洪水被害に見舞われた地域にあるPacific Loren CorporationのCEOであるPaula Kimが全従業員に対して書いたEメールです。勤務地別にどのような出社対応が求められているか、またどのように従業員の支援をしていく予定かが述べられています。

訳

宛先：　全スタッフ
差出人：Paula Kim
日付：　2月18日
件名：　これからの数日間を乗り越えましょう

従業員の皆さん

私たちは、洪水が引き起こした大きな社会問題に直面しながらも、あなたとあなたのご家族を心配しつつこのメールを書いています。私たちはこの厳しい状況の間に従業員をサポートする取り組みに関する最新情報を伝えたく思っています。すべての人々が安全でいる努力をしているさなか、私たちは Pacific Loren のコミュニティ全体を支えるためにここにいます。

3日前、私たちは前例のない洪水に襲われ、そして、この町の多くの住民が浸水の被害を受けました。多くのスタッフがいまだに汚水に浸った家具を家から運搬している最中であることを私たちは理解しています。幸いにも、私たちは全従業員と連絡を取ることができました。メールをご返信いただき、および電話をかけ直していただき、ありがとうございます。

近隣の多くの会社のように、当社の工場は操業を再開することができていません。皆さんには経営陣がこの困難を打開すべくどのようにして急遽対応したのかをお伝えしたいと思います。

- メインオフィスはわずかな損害を受けただけです。総務部はすべてを元の状態に戻し、明日からオフィスを再オープンします。来ることができそうな場合に限り、出社してください。まだ難しいようでしたら、上司にご連絡ください。

- オフィスから遠い仮住居に移動した方のうち、オンラインで仕事をすることができる場合は、そのように対応していただけるよう準備ができています。あなたの必要なことを上司と相談するようにしてください。すべての管理職が各人のニーズを確認し、経営陣に報告します。

- 工場内にある機械を正常に稼働させるまでに、最大2週間かかるかもしれません。工場の作業員の皆さん、この期間も全額給料が支払われますのでご安心ください。別途通知があるまで、出勤の必要はありません。

皆さんの多くが予期せぬ引っ越しという難題に向き合っていることを私たちは理解しています。財政的、そして物流的な困難を経験している最中かもしれません。私たちが供給しうる、引っ越し、食料と健康に関連する道具一式の入手、また、その他の支援の手段について話し合うための電話回線を設置してあります。援助が必要であれば午前7時から午後9時の間、555-1161へお電話ください。

当社には、ぜひとも支援したいという地元の、国の、そして世界からの申し出が殺到しています。経営陣はすべての従業員をサポートすることに献身します。これからの数週間から数カ月は大変であることを私たちは理解していますが、前向きであり続け、この局面を一緒に乗り越えましょう。あなたの上司から24時間以内に連絡が来るはずです。

強くありましょう
Paula Kim
CEO, Pacific Loren Corporation

スラッシュリーディング用の英文

To: All staff
From: Paula Kim
Date: February 18
Subject: Getting through our next few days

Dear employees,

①We write / with concern / for you and your family / in the face of the large social consequences / the floodwaters have caused. / ②We would like to give you an update / on our efforts / to support our employees / during this challenging time. / ③As we all work to stay safe, / we are here / to support the entire Pacific Loren community.

④Three days ago, / we were hit / with an unprecedented flood, / and many residents / in this town / found themselves submerged. / ⑤We are aware / that many of our staff members are still / in the process of hauling sewage-soaked furniture / from their homes. / ⑥Fortunately, we were able to reach every one / of our employees; / thank you all / for writing back / and returning our calls.

⑦Like most companies / in our neighborhood, / our factory hasn't been able to restart its operations. / ⑧We want you to know / how management has rallied / to the challenge.

- ⑨Our main office has only been slightly damaged. / ⑩The general affairs department has put everything back in order / and we will be reopening our office tomorrow. / ⑪Please come to work / only if you can. / ⑫If you cannot do so yet, / please let your supervisor know.
- ⑬For those of you / who have relocated to temporary housing away / from our office / and can work online, / we are prepared to have you do so. / ⑭Please discuss your needs / with your supervisor. / ⑮All supervisors will be checking your personal needs / and will report back / to management.
- ⑯It may take up to two weeks / to get the machinery / in our factory / up and running. / ⑰Factory workers, / please rest assured / that you will be paid fully / during this period. / ⑱You will not have to come to work / until further notice.

⑲We are aware / that many of you are facing the challenges / of an unexpected move. / ⑳You may be experiencing / financial and logistical challenges. / ㉑We have a phone line set up / to support you / with relocation, / getting food and health kits, / and discussing other measures of support / we may be able to provide. / ㉒Please call us / between 7 A.M. and 9 P.M. / at 555-1161 / if you require assistance.

㉓We have been inundated / with offers / of local, national, and global assistance / willing to provide generous support. / ㉔The management team is committed / to supporting all of our employees. / ㉕We know / that the upcoming weeks and months / will be difficult; / however, let's stay positive / and get through this together. / ㉖Your supervisor should get in touch with you / in the next 24 hours.

Stay strong,
Paula Kim
CEO, Pacific Loren Corporation

語句・読解のポイント

①

We write 私たちは書いています

with concern 心配しつつ

for you and your family あなたとあなたのご家族を

in the face of the large social consequences 大きな社会問題に直面しながら

the floodwaters have caused. 洪水が引き起こした

語句

☐ **in the face of** 〜に直面して
☐ **floodwater** 洪水
☐ **social consequence** 社会問題
☐ **cause** 〜を引き起こす

読解のポイント

- この文の We とは経営陣のこと。⑧の文で We want you to know how management has rallied to the challenge. とあり、経営陣が今後の対応について十分に検討してきたことがわかります。仕事は 1 人で成し遂げるものではありませんし、この文で I を使うと「自分 1 人がみんなことを心配している」といった少々横柄な表現になってしまいます。そのためビジネス文書では「同僚と自分」の意味で We が頻繁に使われます。

②

We would like to give you an update 私たちは最新情報を伝えたいと思っています

on our efforts 私たちの取り組みに関する

to support our employees 従業員をサポートするために

during this challenging time. この厳しい状況の間に

語句

☐ **challenging time** 厳しい時期

読解のポイント

- update は名詞「最新情報」だけでなく、名詞「更新」、他動詞「〜を更新する」

の意味でもよく使われます。

- effort は単数形で「努力」の意味ですが、複数形では「活動、取り組み」を表します。
- give an update on「～について最新情報を報告する」は、定型表現としてビジネス場面、例えばプレゼンテーションや会議シーンで頻出です。まとめて一息で言えるように練習しておきましょう。

③

As we all work to stay safe, すべての人々が安全でいる努力をしているさなか

we are here 私たちはここにいます

to support the entire Pacific Loren community.

Pacific Loren のコミュニティ全体を支えるために

語句

- □ **as** ～をしているさなか
- □ **stay safe** 安全でいる
- □ **work to *do*** ～するために努力する

読解のポイント

- ここでは as は while（～しているさなか）と同じ意味で使われています。
- entire は the や代名詞の所有格を伴って使われることが多いです。ほぼ同義語として使われるのが whole で、the whole community「コミュニティ全体」という言い方もできます。

④

Three days ago, 3 日前

we were hit 私たちは襲われました

with an unprecedented flood, 前例のない洪水に

and many residents そして、多くの住民

in this town この町の

found themselves submerged. 自分たちが水の下にいるとわかりました

語句

- □ **be hit** 襲われる
- □ **flood** 洪水
- □ **unprecedented** 前例のない
- □ **submerged** 水の下にいる

読解のポイント

- found themselves submerged は、find A B「A が B だとわかる」の形です。A には動詞の目的語となる名詞、B には A の状態を示す形容詞（過去分詞も含みます）が入ります。find には「発見する」という意味があり、そのニュアンスで使われます。突然そのような状態になり、「平穏だったところから急な洪水に見舞われた」という変化の早さをこの文から読み取ることができます。

⑤

We are aware 私たちは理解しています

that many of our staff members are still 多くのスタッフがいまだに

in the process of hauling sewage-soaked furniture

汚水に浸った家具を運搬している最中であることを

from their homes. 彼らの家から

語句

☐ **be aware that** 〜だということに気づいている　☐ **haul** 〜を運搬する

☐ **in the process of** 〜の最中だ　☐ **sewage-soaked** 汚水に浸った

読解のポイント

- staff は通例単複同形で「スタッフ全体」を指して使われます。集合名詞なので、staff = グループと考えるとよいでしょう。our staff と呼ぶと、グループが苦労しているといった文意になりますが、この文では今 1 人ひとりが苦労をしているのを経営陣が理解していると伝えたいので、staff members と人に焦点をあてた形で書かれています。なお、1 名の場合は冠詞をつけて a staff member「1 人のスタッフ」です。

⑥

Fortunately, we were able to reach every one

幸いにも、私たちは全員と連絡を取ることができました

of our employees; 当社の従業員の

thank you all 皆さんありがとうございます

for writing back メールをご返信いただき

and returning our calls.　および電話をかけ直していただき

語句

☐ **fortunately**　幸いにも
☐ **reach**　～に連絡を取る
☐ **write back**　返信する
☐ **return one's call**　～の電話にかけ直す

読解のポイント

- every one of our employees は日本語では「1人ひとりの従業員」という意味。everyone「全員」と一言で言えそうですが、ニュアンスに大きな違いがあります。everyone は「全員」というグループの集合体のイメージです。その一方、この文の every one は「1人ひとり、誰1人欠けることなく」という個に焦点をあてています。
- thank you all の all も「すべての従業員の皆さんに」お礼を伝えているニュアンスです。

⑦

Like most companies　多くの会社のように
in our neighborhood,　近隣の
our factory hasn't been able to restart its operations.
私たちの工場は操業を再開することができていません

語句

☐ **restart**　～を再開する
☐ **operation**　操業

読解のポイント

- この文から、近隣にも工場があることを読み取れましたか。読解するときには、状況を脳内で想像しながら読み進めると情報の漏れが減ります。「多くの近隣の会社の工場のように」といった意味ですから、水浸しになっているいくつもの工場を想像するといいでしょう。

⑧

We want you to know　皆さんには理解していただければと思います
how management has rallied　経営陣がどのようにして急遽対応したのか

to the challenge.　この困難を打開すべく

語句

☐ **management**　経営陣　☐ **challenge**　困難
☐ **rally**　（危機や病気などの後に）急回復する

読解のポイント

- rally には2つの意味があります。1つ目が困難な場面での用法で「急回復する」「急激に復旧する」など、持ち直すことを意味します。もう1つの意味が「集合する」「集結する」といった、招集をかけられて集まるという意味です。ここでは、to the challenge がついているため、1つ目の意味と言えます。

⑨

Our main office has only been slightly damaged.
当社のメインオフィスはわずかな損害を受けただけです

語句

☐ **damage**　～に損害を与える

⑩

The general affairs department has put everything back in order
総務部はすべてを元の状態に戻しました
and we will be reopening our office tomorrow.
そして、明日からオフィスを再オープンします

語句

☐ **general affairs department**　総務部
☐ **put ～ back in order**　～を元の状態に戻す

読解のポイント

- in order は「整理整頓されている状態」という意味です。
- will be reopening は未来進行形です。ここでは will は「意思」、進行形は「すでに目標に向かって何かが進んでいる最中である」ということを表しています。「明

日からオフィスを再オープンするつもりで、いろいろと準備を進めている最中です」と伝える表現だと考えてください。

⑪

Please come to work 出社してください
only if you can. 来ることができそうな場合に限り

語句

□ **come to work** （会社に）出社する　□ **only if** ～の場合に限り

読解のポイント

- come to work の to work は前置詞＋名詞です。work はここでは動詞ではなく「仕事場」を意味する名詞です。書き手からすると相手は仕事場に「来る」立場なので、come が使われています。③にあった work to *do*「～するために努力する」の work との違いを瞬時に把握できるようにしましょう。

⑫

If you cannot do so yet, まだ難しいようでしたら
please let your supervisor know. 上司にご連絡ください

語句

□ **yet** まだ　□ **supervisor** 上司

読解のポイント

- yet「まだ」「もう」は否定文と疑問文で使われます。yet の対として使われるのが肯定文で使われる already「もう」です。Did you talk to Mr. Johnson yet?「もうジョンソンさんと話した？」の答えは、例えば Yeah, I talked to him already.「うん、もう彼と話をしたよ」です。
- let ～ know は「～に知らせる」という意味なので、文の後半は「出社ができない人は上司に連絡を取ってほしい」ということを意味しています。

⑬

For those of you あなた方のような人たちのために

who have relocated to temporary housing away 遠くにある仮住居に移動した

from our office 当社のオフィスから

and can work online, オンラインで仕事をすることができる

we are prepared to have you do so.

私たちはあなたがそうすることができるよう準備ができています

語句

- □ **those of you** 〜のような人たち
- □ **relocate to** 〜に移動する
- □ **temporary** 仮の
- □ **housing** 住居
- □ **away** 遠くにある
- □ **be prepared to *do*** 〜する準備ができている

読解のポイント

- ここでの relocate to は「引っ越す」ことを意味しているため、move to と言い換えることができます。引っ越しではなく「所属部門を変える」場合は transfer to、switch to に言い換えられます。自分の強い意思によってではなく「転勤させられる」というニュアンスにしたいのであれば、be transferred to と受動態で表します。

⑭

Please discuss your needs あなたの必要なことを相談するようにしてください

with your supervisor. あなたの上司と

読解のポイント

- discuss は他動詞なので、後ろに about などのような前置詞は置きません。「〜について話し合う」という日本語に引っ張られて discuss about としがちですが、discuss the matter「そのことについて話し合う」のように直接目的語を後ろに置きます。

⑮

All supervisors will be checking your personal needs

すべての管理職が部下の皆さんのニーズを確認し

and will report back　そして報告します
to management.　経営陣に

語句

☐ **personal**　個人的な
☐ **report back to**　～に返答する

読解のポイント

- report back to は「～に返答する」ですが、report to だと「～に報告する」「～の直属である」という意味になります。

⑯

It may take up to two weeks　最大２週間かかるかもしれません
to get the machinery　機械の状態を変えるのに
in our factory　当社の工場内にある
up and running.　正常に稼働している

語句

☐ **take**　時間がかかる
☐ **machinery**　機械
☐ **get A B**　AをBの状態にする
☐ **up and running**　正常に稼働している

⑰

Factory workers,　工場の作業員の皆さん
please rest assured　ご安心ください
that you will be paid fully　あなた方には全額給料が支払われます
during this period.　この期間

語句

☐ **rest assured that**　～なので安心してください
☐ **fully**　完全に

語句

- Factory workers の後のカンマはメールや手紙の冒頭部分の呼びかけにあるカンマと同じで、対象者たちに呼びかけています。

⑱

You will not have to come to work あなた方は出勤する必要はありません

until further notice. 別途通知があるまで

語句

☐ **further notice** 別途の通知

読解のポイント

- until further notice は頻繁に使われる表現なので、まるごと覚えるといいでしょう。次に連絡するまでは、今回の情報をもとにアクションを取ってほしいというときに使われる表現です。

⑲

We are aware 私たちは理解しています

that many of you are facing the challenges

皆さんの多くが難題に向き合っていることを

of an unexpected move. 予期せぬ引っ越しという

語句

☐ **face** ～に向き合う　☐ **unexpected** 予期せぬ

読解のポイント

- move には「自ら動く、アクションを取る」という意味もありますが、ここでは「引っ越し」の意味。後ろに引っ越しに伴う苦労に関する表記が続きます。

⑳

You may be experiencing 皆さんは経験している最中かもしれません

financial and logistical challenges. 財政的、そして物流的な困難を

語句

☐ **logistical** 物流的な

読解のポイント

- ここでの logistical challenges とは、例えば道の閉鎖などにより、物流が滞って物資が簡単に手に入らない状況であることを意味します。

㉑

We have a phone line set up 私たちは電話回線を設置しました
to support you 皆さんを支えるために
with relocation, 引っ越し
getting food and health kits, 食料と健康に関連する道具一式を得ること
and discussing other measures of support
そしてその他の支援の手段について話し合います
we may be able to provide. 私たちが供給しうる

語句

- □ **phone line** 電話回線
- □ **set up** 〜を設置する
- □ **relocation** 引っ越し
- □ **health kit** 健康に関連する道具一式
- □ **measure** 手段

読解のポイント

- have a phone line set up は have ＋目的語＋過去分詞の形で、「〜を…された状態にする」という意味になります。すでに電話回線が設置された状態であることを表しています。
- health kit には応急処置をするための備品などが入っており、日本で言う防災キットと薬箱のようなものです。getting food and health kits のサポートとは、それらの物資を手に入れられるように支援するという意味です。

㉒

Please call us お電話ください
between 7 A.M. and 9 P.M. 午前 7 時から午後 9 時の間
at 555-1161 555-1161 へ
if you require assistance. もし援助が必要であれば

語句

□ **require**　～を必要とする

読解のポイント

- assistance は不可算名詞なので、冠詞の an をつけたり複数形にしたりしないように気をつけてください。
- 受付時間と電話番号の順番に着目しましょう。電話番号→受付時間の順番で Please call us at 555-1161 between 7 A.M. and 9 P.M. とも言うことができますが、call us の直後に来る内容のほうが強調されます。この文では時間内に電話をする必要があることが伝わりやすいように、受付時間を先にして call us between 7 A.M. and 9 P.M. と述べています。

㉓

We have been inundated　当社には殺到しています
with offers　申し出が
of local, national, and global assistance　地元の、国の、そして世界からの
willing to provide generous support.　惜しみない支援を喜んで供給したいという

語句

□ **be inundated with**　～が殺到する　□ **generous**　惜しみない
□ **willing to *do***　喜んで～する

読解のポイント

- local, national, and global assistance という名詞句を、willing 以下の「形容詞＋ α」が後ろから説明しています。名詞＋形容詞（分詞）＋ α という後置修飾になる語順も頻出です。
- generous は generous support の他、generous contributions、generous donations などの表現がよく使われます。いずれも多くの場合、「無償で提供されたもの」という意味と捉えられます。なお、転職先の会社から generous offer を受けたという場合は、「良い待遇を提示された」という意味です。

㉔

The management team is committed 経営陣は献身します
to supporting all of our employees. すべての従業員をサポートすることに

語句

□ **be committed to** ～に献身する

読解のポイント

- be committed to の後ろには名詞や動名詞が続きます。また、be devoted to「～に専念する」や be dedicated to「～に献身する」も同様です。ビジネス場面で約束や決意を伝えるときに頻繁に使われる表現です。

㉕

We know 私たちは理解しています
that the upcoming weeks and months これからの数週間から数カ月は
will be difficult; 大変であることを
however, let's stay positive ですが、前向きであり続け
and get through this together. そしてこの局面を一緒に乗り越えましょう

語句

□ **upcoming** これからの
□ **get through** ～を乗り越える
□ **stay positive** 前向きであり続ける

読解のポイント

- upcoming weeks and months という表現により、あと２～３週間で状況が落ち着くのか、１カ月～数カ月は洪水の影響を受けるのかわからないことが示唆されています。
- 接続副詞の however は節と節をつなぐことはできません。ただし、セミコロン（;）の直後であれば however を置き、後ろに節を続けることは可能です。セミコロンの前後の節は、並列の内容か相反する内容となり、相反する内容を後半の節として続ける場合に however がしばしば使われます。

㉖

Your supervisor should get in touch with you あなたの上司から連絡が来るはずです
in the next 24 hours. 24 時間以内に

語句

□ **get in touch with** 〜と連絡を取る　□ **in the next 24 hours** 24 時間以内に

読解のポイント

- 「24 時間以内に」というと within 24 hours が思い浮かびますが、ここで使われている in the next 24 hours もほぼ同義です。一方、in 24 hours は「24 時間後に」を表します。the next の有無で意味が異なることに留意しましょう。

この英文を読んだ後、どのような行動に移るべきか

あなたがPacific Loren Corporationの従業員で、この連絡を受け取った場合、以下のことが読み取れます。

・幸い、全従業員が無事であること
・本社は明日から出社できる状態であること
・工場は最大 2 週間は動かないかもしれないため、工場勤務者は出社せずに連絡を待つこと。この間の給与は払われること
・勤務地が工場以外の場合は、明日以降出社するか、それが難しい場合はオンラインで業務をこなせること
・何か必要なものがあれば、朝 7 時から夜 9 時の間に電話をかけて支援を要請できるホットラインが従業員用に設置されたこと
・多くの場所から支援が集まっていること

24時間以内に上司から連絡があるので、その際に自分の状況を報告し、どのような勤務が可能かを伝えましょう。

情報量が多いものの、1つひとつの段落は短いので、素早く読めるように何度も口に出して練習しましょう。読み上げにかかる秒数を測り、時間を縮められるよう練習を繰り返すことで、読むスピードが上がります。

チャットメッセージ 1

Track 11

Taka Goto (11:36 A.M.)
I was updating our website to add our holiday campaign info. I followed the steps on the help page, but I can't get the page back online. Can you give me directions, please?

Veronica (Tech Support) (11:36 A.M.)
Sure. I can see you added the tracking code to find out where people are coming from. You also need to add the discount code to the page where you want the discount to appear. Here is the code snippet that you have to add: <div class="ddio_coupon"></div>

Taka Goto (11:37 A.M.)
I can't figure this out… I added the code and I'm previewing the website. Am I supposed to see the coupon on the webpage? I'm having issues figuring out what the user sees.

Veronica (Tech Support) (11:38 A.M.)
You might have to refresh by closing the preview and reopening it. If you would like to go through the tutorial, CLICK HERE.

Veronica (Tech Support) (11:42 A.M.)
How are you doing? It seems like you were able to get your website back up.

Veronica (Tech Support) (11:45 A.M.)
Hello?

Veronica (Tech Support) (11:48 A.M.)
Just wanted to let you know that I'm going to go ahead and close out this thread for now, but please feel free to reply back if there's anything else I can help with!

ウェブサイト更新がうまくいかないTaka Gotoが、社内のテクニカルサポートのVeronicaに連絡しています。どのような手順でウェブサイトの更新をすればよいのか、Veronicaが説明しています。

訳

Taka Goto（午前11時36分）
私は祝日のキャンペーン情報を追加するためにサイトを更新していました。ヘルプページにあるステップに従いましたが、ページがオンライン上に再表示されません。ご指示をいただけますか。

Veronica（テクニカルサポート）（午前11時36分）
もちろんです。どこのサイト経由でのアクセスかがわかるトラッキングコードを追加したんですね。割引を表示したいページに割引コードも加える必要があります。こちらが、追加の必要なコードスニペットです：<div class="ddio_coupon"></div>

Taka Goto（午前11時37分）
これがわかりません…。コードを追加して、サイトをプレビューしています。ウェブページにクーポンが表示されるようになっているのでしょうか？　ユーザーに何が表示されるのかがわからずにいます。

Veronica（テクニカルサポート）（午前11時38分）
更新が必要な場合がありますので、プレビューを閉じて再度開いてください。チュートリアルを確認したい場合は、こちらをクリックしてください。

Veronica（テクニカルサポート）（午前11時42分）
いかがでしょうか。サイトを元に戻すことができたようですね。

Veronica（テクニカルサポート）（午前11時45分）
いかがですか。

Veronica（テクニカルサポート）（午前11時48分）
勝手ながら、ひとまずこのスレッドを終了することをお知らせします。もし何か他にお手伝いできそうなことがあれば、お気軽にご返信ください。

スラッシュリーディング用の英文

Taka Goto (11:36 A.M.)
①I was updating our website / to add our holiday campaign info. / ②I followed the steps / on the help page, / but I can't get the page back online. / ③Can you give me directions, please?

Veronica (Tech Support) (11:36 A.M.)
④Sure. / ⑤I can see / you added the tracking code / to find out / where people are coming from. / ⑥You also need to add the discount code / to the page / where you want the discount to appear. / ⑦Here is the code snippet / that you have to add: / <div class="ddio_coupon"></div>

Taka Goto (11:37 A.M.)
⑧I can't figure this out… / ⑨I added the code / and I'm previewing the website. / ⑩Am I supposed to see the coupon / on the webpage? / ⑪I'm having issues / figuring out / what the user sees.

Veronica (Tech Support) (11:38 A.M.)
⑫You might have to refresh / by closing the preview / and reopening it. / ⑬If you would like to go through the tutorial, / CLICK HERE.

Veronica (Tech Support) (11:42 A.M.)
⑭How are you doing? / ⑮It seems like / you were able to get your website back up.

Veronica (Tech Support) (11:45 A.M.)
⑯Hello?

Veronica (Tech Support) (11:48 A.M.)
⑰Just wanted to let you know / that I'm going to go ahead and close out this thread / for now, / but please feel free to reply back / if there's anything else / I can help with!

語句・読解のポイント

Taka Goto (11:36 A.M.)

①

I was updating our website 私はサイトを更新していました

to add our holiday campaign info. 祝日のキャンペーン情報を追加するために

語句

☐ **holiday campaign** 祝日のキャンペーン　☐ **info** 情報（= information）

読解のポイント

- holiday campaign は「季節のキャンペーン」のようなものです。例えば、クリスマスキャンペーンやお正月のキャンペーンなどを指します。
- info は話し言葉で、information を省略したものです。ビジネスでよく省略される単語にはその他、ad（= advertisement）や pics（= pictures）などがあります。急いで書くチャットメッセージでは省略形が使われる頻度が高いです。

②

I followed the steps 私はステップに従いました

on the help page, ヘルプページにある

but I can't get the page back online.

ですが、ページがオンライン上に再表示できません

語句

☐ **follow** ～に従う　☐ **online** オンライン上に

☐ **get A back B** A を B に戻す

読解のポイント

- ウェブサイトはメンテナンス中という表示をせずに更新することもできますが、ここでは get the page back online と表記があることから、一度「メンテナンス中」の状態にしていることが読み取れます。こういった細かい点にも注意して読み進めましょう。

③

Can you give me directions, please?　ご指示をいただけますか

語句

□ **direction**　指示

読解のポイント

- ヘルプデスクに連絡するときの表現には、Can you give me directions? と依頼事項を疑問文で伝える方法と、I need directions.「指示が必要です」と状況を説明する方法とがあります。

Veronica (Tech Support) (11:36 A.M.)

④

Sure.　もちろんです

⑤

I can see　私はわかります
you added the tracking code　トラッキングコードをあなたが追加したことを
to find out　判断するために
where people are coming from.　人々のアクセスがどこのサイトから来ているのかを

読解のポイント

- I can see you added the tracking code の can は省略されることがありますが、ニュアンスは変わらず「確認できます」という意味です。

⑥

You also need to add the discount code　あなたは割引コードも追加する必要があります
to the page　ページに
where you want the discount to appear.　割引を表示したい

語句

□ **discount code**　割引コード　　□ **appear**　表示される

読解のポイント

- ⑤に登場した where ～の文は「どこ～」を表す関節疑問文ですが、この where you want the discount to appear は「～のところ」を表す関係副詞節です。
- 割引コードを配置する場所はどこでもよいというわけではなく、「表示したい場所」に追加する必要があることがわかります。

⑦

Here is the code snippet こちらが、コードスニペット（抜粋）です
that you have to add: あなたが追加しなければならない
<div class="ddio_coupon"></div> <div class="ddio_coupon"></div>

語句

□ **snippet** スニペット（抜粋）

読解のポイント

- code snippet は様々なプログラムに挿入して利用できる、特定の機能を実現した短いコードのまとまりのこと。項目テンプレートのような役割を担うもので、ここではディスカウントを提供するためのコードという意味です。例えばメルマガ配信ツールにも snippet があったりと、エンジニアでなくても操作しやすいように提示されていることが多くなりました。

Taka Goto (11:37 A.M.)
⑧

I can't figure this out... これがわかりません…

読解のポイント

- I can't figure this out は「ここでつまずいている」ということを伝える役割を担っています。ウェブサイト更新のステップ１つひとつのうち、どこが問題なのかを伝えることでサポートを受けやすくなります。また、This is where I'm stuck.「ここから先に進めません」も、オンラインでヘルプを受けているときに役立つ表現です。

⑨

I added the code 私はコードを追加しました
and I'm previewing the website. そしてサイトをプレビューしています

語句

☐ **preview**　～をプレビューする

⑩

Am I supposed to see the coupon　クーポンが表示されるようになっているのですか
on the webpage?　ウェブページに

語句

☐ **be supposed to *do***　～することになっている　☐ **webpage**　ウェブページ

読解のポイント

- Am I supposed to *do*? は自分があるべき状態を確認するときに使います。ここでは「ユーザーに表示されるクーポンが私にも見えるはずなのでしょうか」という確認を取っています。主語を変えて Is the coupon supposed to show up on the page?「ページ上にクーポンが現れるはずですか」と質問することも可能です。

⑪

I'm having issues　私は問題があります
figuring out　理解するのに
what the user sees.　ユーザーに何が表示されるのかを

語句

☐ **issue**　問題

読解のポイント

- I'm having issues は何かがうまくいっていない状態であることを伝えるための表現で、ビジネス会話で頻出です。I'm having issues with this software.「このソフトウエアをうまく使えていない」、I'm having issues working together with Amy.「エイミーと一緒に仕事に取り組むのがうまくいかない（そりが合わない）」など、いろいろな問題について述べるときに使えます。

Veronica (Tech Support) (11:38 A.M.)
⑫

You might have to refresh 更新する必要があるかもしれません
by closing the preview プレビューを閉じることによって
and reopening it. そしてそれを再度開くことで

語句

☐ **refresh** （ページを）更新する

読解のポイント

- by *doing* のように、後ろに動詞の *doing* 形が直接続く頻出表現には、before、after、by、since、when、while などが挙げられます。例えば、この文を You won't see the updates before closing the preview. You'll see them after refreshing the page.「プレビューを閉じる前にはアップデートは見られません。リフレッシュした後に見られます」と言い換えることができます。

⑬
If you would like to go through the tutorial,
もしあなたがチュートリアルを確認したい場合は
CLICK HERE. こちらをクリックしてください

語句

☐ **go through** ～を確認する　　☐ **tutorial** チュートリアル

読解のポイント

- ソフトウエアなどについて話すときに、tutorial「チュートリアル」は「使い方の教材」という意味の名詞として使われます。ユーザーガイドのようなものと考えるといいでしょう。教育に関連する場面で「個別指導の」という形容詞としても使われます。
- go through は、一通り目を通して確認するという意味。Let's go through the presentation script together.「プレゼンのスクリプトを一緒に確認しましょう」といったように、ビジネス会話でも頻出です。

Veronica (Tech Support) (11:42 A.M.)
⑭
How are you doing? いかがですか

読解のポイント

- How are you doing? は「元気ですか」の意味もありますが、作業中の人に声をかける場合は「進捗はいかがでしょうか」という意味になります。

⑮

It seems like 〜なようですね

you were able to get your website back up. あなたはサイトを元に戻すことができた

語句

□ **get 〜 back up** 〜を元のオンライン状態に戻す

読解のポイント

- It seems like の後ろには、名詞だけでなく節も続けることが可能です。
- get 〜 back は「元の状態に戻す」を意味する語で、後ろに up をつけると get 〜 back up で「情報をオンライン上に公開する」を表します。また、get the room back in order「部屋を元の状態に整理整頓する」、get the project back on track「プロジェクトを計画どおりの状態に戻す」という表現もあります。

Veronica (Tech Support) (11:45 A.M.)

⑯

Hello? いかがですか

読解のポイント

- Hello はこのように、メッセージが途切れたときの声がけとしても使われます。

Veronica (Tech Support) (11:48 A.M.)

⑰

Just wanted to let you know お知らせしたかったのです

that I'm going to go ahead and close out this thread

勝手ながらこのスレッドを終了する

for now, ひとまず

but please feel free to reply back ですが、お気軽にご返信ください

if there's anything else もし何か他に

I can help with!　お手伝いできそうでしたら

語句

- □ **go ahead and *do***　勝手ながら以下の行動を取る
- □ **close out**　～を終了する
- □ **reply back**　返信する
- □ **thread**　スレッド
- □ **help with**　～を手伝う
- □ **feel free to *do***　気軽に～する

読解のポイント

- I'm going to go ahead and *do* は「勝手ながら、このようにさせていただきます」を意味する定型表現。メールでも会議でも頻出です。「自分の意思で判断したうえで行動を取らせていただきます」といった宣言にも似た表現です。ホテルの受付などで I'm going to go ahead and let you in your room a bit early.「(私の意思で勝手ながら) あなたが早くお部屋に入れるようにしますね」のように、良いオファーを受けるときにも聞かれます。日本語にすると押し付けがましい印象があるかもしれませんが、英語のニュアンスには押し付けがましさはありません。
- reply back は「返信する」。「このメールに返信する」は reply back to this email と表します。

この英文を読んだ後、どのような行動に移るべきか

あなたが問い合わせメッセージを送ったTaka Gotoだった場合、何らかの理由で少しパソコンから離れたのでしょう。すでにVeronicaはチャットを閉じていますので、例えば社内メールで届く「対応満足度アンケート」などを通してお礼を伝えるとよいでしょう。11:42にVeronicaがIt seems like you were able to get your website back up.「サイトを元に戻すことができたようですね」と述べているので、ウェブサイトは問題なく更新されたことがわかり、一安心です。チュートリアルがあることもわかりましたので、今後同じような問題が起きたときは、その内容も確認したうえで作業をするとよいでしょう。

チャットメッセージ2

Track 12

Angela Brown (3:14 P.M.)
Hi Masato. Do you think we can have a few people from your team participate in a 20 min. survey? We'd like to select the participants randomly.

Masato Tamura (3:16 P.M.)
We're pretty busy now, but what's it for? Depending on the request, I might be able to get our members to prioritize the survey.

Angela Brown (3:18 P.M.)
It's the survey conducted by the Diversity and Inclusion Task Force. You know we're working on making our community more welcoming, diverse, and inclusive, right?

Masato Tamura (3:19 P.M.)
Oh, I've heard about that survey. I heard it's pretty long but I think it's worth it. If you need me to, I can get everyone on my team to respond to the survey either today or tomorrow. Email me the link.

Angela Brown (3:20 P.M.)
Great, will do! It won't hurt to have everyone on your team participate. Tell your team that the survey can be completed anonymously. The data will be released in aggregate form, so no identifiers will be released. Thanks so much!

Angela Brownが同僚のMasato Tamuraに対し、彼のチームメンバーにアンケートへ参加してもらいたいと協力を要請しています。アンケートはDiversity and Inclusion Task Forceという社内のプロジェクトチームによるものです。

訳

Angela Brown（午後 3 時 14 分）
こんにちは Masato。あなたのチームから何人か、20 分かかるアンケートに参加してもらうことはできますか。参加者はランダムに選びたいと思います。

Masato Tamura（午後 3 時 16 分）
今はかなり忙しいんですが、何のためでしょうか。依頼の内容によっては、メンバーにアンケートを優先してもらえることができると思います。

Angela Brown（午後 3 時 18 分）
これは、Diversity and Inclusion Task Force によって実施されるアンケートです。私たちが社内をより快適で、多様で、包括的なものにするために取り組んでいることをご存じですよね。

Masato Tamura（午後 3 時 19 分）
ああ、そのアンケートについては聞いたことがあります。かなり長くかかると聞きましたが、それだけの価値があると思います。もし必要であれば、チームの全員に今日または明日、アンケートに回答してもらうようにします。リンクを私にメールしてください。

Angela Brown（午後 3 時 20 分）
良かったです、送ります！　全員に参加してもらえるのもいいですね。アンケートは匿名で記入できることをチームに伝えてください。データは集計された状態で公開されるため、個人を特定するような情報（識別子）は公開されません。本当にありがとうございます！

スラッシュリーディング用の英文

Angela Brown (3:14 P.M.)
①Hi Masato. / ②Do you think / we can have a few people / from your team / participate in a 20 min. survey? / ③We'd like to select the participants randomly.

Masato Tamura (3:16 P.M.)
④We're pretty busy now, / but what's it for? / ⑤Depending on the request, / I might be able to get our members / to prioritize the survey.

Angela Brown (3:18 P.M.)
⑥It's the survey / conducted by the Diversity and Inclusion Task Force. / ⑦You know / we're working on making our community / more welcoming, diverse, and inclusive, / right?

Masato Tamura (3:19 P.M.)
⑧Oh, I've heard about that survey. / ⑨I heard it's pretty long / but I think / it's worth it. / ⑩If you need me to, / I can get everyone on my team / to respond to the survey / either today or tomorrow. / ⑪Email me the link.

Angela Brown (3:20 P.M.)
⑫Great, will do! / ⑬It won't hurt / to have everyone on your team participate. / ⑭Tell your team / that the survey can be completed anonymously. / ⑮The data will be released / in aggregate form, / so no identifiers will be released. / ⑯Thanks so much!

語句・読解のポイント

Angela Brown (3:14 P.M.)

①

Hi Masato.　こんにちは Masato。

読解のポイント

- 日本語ではチャットの冒頭は「お疲れ様です」から始まることが多いですが、英語では Hi で始まることがほとんどです。

②

Do you think　あなたは思いますか

we can have a few people　私たちは何人かの人たちに～させることができる

from your team　あなたのチームから

participate in a 20 min. survey?　20 分かかるアンケートに参加する

語句

□ **min.**　分（= minute）

読解のポイント

- Do you think ～？は Could you ～？といった直接的な依頼に比べて遠回しにお伺いを立てる表現です。日本語で言う「お忙しいところ大変恐縮ですが、もし可能であればご協力をお願いできませんか」といったニュアンスです。
- in a 20 min. survey の min. は、ピリオドをつけて minute を省略した形です。

③

We'd like to select the participants randomly.

私たちは参加者をランダムに選びたいと思います。

語句

□ **participant**　参加者　　□ **randomly**　ランダムに

読解のポイント

- ここではチームメンバーの全員に依頼するのではなく、ランダムに選んだ数名だけの時間をいただけないかという「最低限の協力依頼」の雰囲気で話している様子がわかります。
- participant のように、語尾が -ant や -ent で終わる単語は人を表すものが多く、他に student「学生」、president「社長」、immigrant「移民」などがあります。

Masato Tamura (3:16 P.M.)

④

We're pretty busy now, 私たちは、今はかなり忙しいです

but what's it for? ですが、それは何のためのアンケートなのでしょうか

語句

□ **pretty** かなり

読解のポイント

- pretty はここでは、very や really ほど強くない「かなり」という意味の副詞として使われています。すぐにアンケートに協力すると答えていないことから、時間があまりない現状がわかります。一方、pretty にはもう 1 つの意味として「比較的」「わりと」という少し弱い意味もあるので、文脈からどれだけの強度かを判断する必要があります。We're pretty busy, but sure.「わりと忙しいけれど、いいよ」のように、すぐに協力を申し出た場合は、いつもよりは忙しいという程度のニュアンスと考えましょう。

⑤

Depending on the request, 依頼の内容によっては

I might be able to get our members

私はメンバーに〜させることができるかもしれません

to prioritize the survey. アンケートを優先する

語句

□ **depend on** 〜による、〜次第である □ **prioritize** 〜を優先する

読解のポイント

- ここで使われている depend on は「～による」という意味です。A: Where are we going for lunch?「ランチどこに行く？」 B: Depends on whether John is coming. If he's coming, we should go to a place with a selection of vegetarian dishes.「John が来るかによるな。彼が来るなら、ベジタリアン向け料理がたくさんあるところに行くべきだよ」といった感じで、会話でも頻出です。なお、口語ではこのように Depends on の前の It が省略されることがあります。
- depend on には「～に頼る」という意味もあり、この用法では count on や rely on、look to などに言い換えることが可能です。例えば The company depends on its employees' ideas for continued success.「その企業は継続した成功のために、従業員たちのアイディアを頼りにしています」のように表します。

Angela Brown (3:18 P.M.)

⑥

It's the survey　これはアンケートです

conducted by the Diversity and Inclusion Task Force.

Diversity and Inclusion Task Force によって実施される

語句

☐ **conduct**　～を行う　☐ **inclusion**　（個々の違いの）受け入れ

☐ **diversity**　多様性　☐ **task force**　（特定の課題に取り組む）特別チーム

読解のポイント

- Diversity and Inclusion は昨今、日本でもダイバーシティーアンドインクルージョンというカタカナ表現で使われるようになってきています。他者との違いを受け入れ、協業していくための考え方です。task force は「委員会」や「プロジェクトチーム」といった、社内の一時的な組織を指します。
- 「調査」という意味の単語には survey や research がありますが、survey は可算名詞、research は不可算名詞です。

⑦

You know　ご存じのように

we're working on making our community

私たちはコミュニティ（社内）を～にするために取り組んでいます

more welcoming, diverse, and inclusive,　より快適で、多様で、包括的なものに
right?　ですよね

語句

- □ **you know**　ご存じのように
- □ **welcoming**　快適な
- □ **diverse**　多様な
- □ **inclusive**　包括的だ

読解のポイント

- making our community more welcoming, diverse, and inclusive は make A B「A を B にする」の形です。

Masato Tamura (3:19 P.M.)

⑧

Oh, I've heard about that survey.　ああ、そのアンケートについては聞いたことがあります

読解のポイント

- Oh は「ああ」や「ええ」というニュアンス。これがあることで、会話調の柔らかい印象のメッセージになっています。Oh がないと、単刀直入に「知ってます」というような言い切りの印象を与えてしまいます。

⑨

I heard it's pretty long　それはかなり長く時間がかかると聞きました
but I think　しかし私は思います
it's worth it.　それはそれだけの価値があると

語句

- □ **worth**　～の価値がある

読解のポイント

- ここでの worth は「～の価値がある」という意味の形容詞だと考えてください。
- I think it's worth it. は定型表現になっています。相手の述べていることや、やらなければいけないことに共感・同意しているときに使います。

⑩

If you need me to, もし必要であれば

I can get everyone on my team 私はチーム全員に～させることができます

to respond to the survey アンケートに回答する

either today or tomorrow. 今日または明日

語句

☐ **respond to** ～に回答する

☐ **either A or B** A か B のいずれか

読解のポイント

- If you need me to の後ろには、get everyone on my team to respond to the survey が省略されていると考えましょう。
- 冒頭では、数名ランダムに選んだ人にアンケートに協力してもらえれば十分である旨が書かれていますが、ここでは「必要であれば」と前置きをしたうえで、それ以上のオファーをしています。「全員に対応させましょうか」という申し出です。

⑪

Email me the link. リンクを私にメールしてください

語句

☐ **email A B** A に B を E メールで送る

読解のポイント

- ここは指示文となっていますが、この 2 人の立場が依頼する側とされる側であることを考慮すると、それほど強いニュアンスにはなっていません。

Angela Brown (3:20 P.M.)

⑫

Great, will do! 良かったです、送ります

読解のポイント

- ここで使われている will do は「了解です」や「やっておきます」という応答を表しています。チャットなどでは Will do. とだけ書く場合もしばしばあります。

⑬

It won't hurt 悪いようにはなりません

to have everyone on your team participate.

あなたのチーム全員に参加してもらうことが

語句

☐ **won't hurt** 悪影響はない

読解のポイント

- It won't hurt. の hurt は「痛いと思う」という意味ですが、この文は定型表現で「悪影響は出ない」という意味。ここではアンケートに答える人数がランダムに選ばれた数名からチーム全員に増えても、何も問題が起きないことを意味しています。

⑭

Tell your team チームに伝えてください

that the survey can be completed anonymously.

アンケートは匿名で記入できることを

語句

☐ **complete** （アンケートに）記入する　☐ **anonymously** 匿名で

読解のポイント

- 「（アンケートに）記入する」は、complete 以外に、fill in や fill out を使って表します。

⑮

The data will be released データは公開されます

in aggregate form, 集計された形で

so no identifiers will be released.

そのため、個人を特定するような情報（識別子）は公開されません

語句

☐ **release** ～を公開する　☐ **identifier** 識別子

☐ **aggregate** 総計の

読解のポイント

- aggregate は in aggregate form「集約形式で」というフレーズで覚えておくとよいでしょう。
- ここで述べられている identifier とは個人情報を特定する情報のこと。この文のキーワードである aggregate form がわからなくても、前文の anonymously「匿名で」がわかれば推測可能です。ビジネス文章を読むときは推測しながら先へと読み進め、読み終わってから自分の認識が正しいかを確認するために辞書を引くといいでしょう。まずは文章をざっと最後まで確認する癖をつけることが重要です。

⑯

Thanks so much! 本当にありがとうございます！

読解のポイント

- Thank you よりもインフォーマルな Thanks で親しみが感じられます。チャットなので、フォーマルになりすぎない口調でのやり取りが適切と考えられます。

この英文を読んだ後、どのような行動に移るべきか

あなたがMasato Tamuraだったら、次にどのような行動を取るべきか想像できましたか。Angela Brownからアンケートのリンクをもらうのを待っている間に、チームメンバーに以下を伝える準備をする必要があります。

・明日までにアンケートに回答してほしい
・20分の長いアンケートだけれども、業務として対応してほしい
・アンケートは社内のダイバーシティー支援を目的としている
・アンケートは無記名で提出でき、データは集計された形で公開されるので、個人が特定される心配はない

もちろん、あなたも同じチームのメンバーとして、アンケートの対象となるわけですから、提出を忘れずに！

チャットメッセージ3

Track 13

Customer Relations 1 (1:25 P.M.)
Is there anyone by the fountain? A visitor lost her baby's shoe in the area. It's blue with a white flower print. For a one-year-old, pretty small. -John

Customer Relations 2 (1:28 P.M.)
I was there a few minutes ago, but I'm back in the staff room. I saw Emi up there. Maybe she's still in the area. I'll call her and tell her to check your text message. -Sarah

Customer Relations 3 (1:33 P.M.)
Hey, John. Emi here. Sorry for the delay. I just got the info from Sarah. I can walk back up to the fountain and look.

Customer Relations 2 (1:33 P.M.)
Glad you guys are in touch now! I had the early shift today, so I'm off now. See you tomorrow. Have a good afternoon!

Customer Relations 3 (1:37 P.M.)
I think I found it. It says Lily inside. Is this what you're looking for?

Customer Relations 1 (1:39 P.M.)
Thanks, Emi. I just talked to our customer and, in fact, her daughter's name is Lily! We're by the entrance of Moonlight Cafeteria now. Can you bring it over?

Customer Relations 3 (1:40 P.M.)
No prob. OMW.

家族連れが遊びにくる施設で、複数のスタッフがトラブル対応のやり取りをしています。子どもの靴が見当たらなくなってしまったお客様の側にJohnがおり、他のスタッフに応援を頼んでいます。スタッフで共有して使っているアカウントなので、「顧客窓口1」「顧客窓口2」「顧客窓口3」がそれぞれ誰なのか、話の流れから理解することが大切です。

訳

顧客窓口 1（午後 1 時 25 分）
噴水のそばに誰かいますか？　お客様がその辺りで赤ちゃんの靴をなくしてしまったそうです。靴は青色で白い花柄がついています。 1 歳用のもので、かなり小さいです。
—John

顧客窓口 2（午後 1 時 28 分）
私は数分前にそこにいましたが、今はスタッフルームに戻っています。あそこに Emi がいるのを見ました。おそらく彼女はまだその辺りにいます。Emi に電話して、あなたのメッセージをチェックするように伝えます。—Sarah

顧客窓口 3（午後 1 時 33 分）
ねえ、John。こちらは Emi です。遅れてごめんなさい。たった今 Sarah から情報をもらいました。噴水に戻って見てきます。

顧客窓口 2（午後 1 時 33 分）
お 2 人が連絡を取り合えたようでよかったです。今日は早番だったので、もう帰ります。また明日。良い午後をお過ごしください！

顧客窓口 3（午後 1 時 37 分）
私はその靴を見つけたと思います。中に Lily と書いてあります。お探しのものはこれでしょうか？

顧客窓口 1（午後 1 時 39 分）
ありがとう、Emi。私はちょうど今そのお客様とお話ししました、そして実際、娘さんのお名前がリリーだったんです！　Moonlight Cafeteria の入り口のそばにいます。それを持ってきてもらえますか？

顧客窓口 3（午後 1 時 40 分）
問題ありません。いま向かっています。

スラッシュリーディング用の英文

Customer Relations 1 (1:25 P.M.)
①Is there anyone / by the fountain? / ②A visitor lost her baby's shoe / in the area. / ③It's blue / with a white flower print. / ④For a one-year-old, / pretty small. -John

Customer Relations 2 (1:28 P.M.)
⑤I was there / a few minutes ago, / but I'm back / in the staff room. / ⑥I saw Emi / up there. / ⑦Maybe she's still in the area. / ⑧I'll call her / and tell her / to check your text message. -Sarah

Customer Relations 3 (1:33 P.M.)
⑨Hey, John. / ⑩Emi here. / ⑪Sorry for the delay. / ⑫I just got the info / from Sarah. / ⑬I can walk back / up to the fountain / and look.

Customer Relations 2 (1:33 P.M.)
⑭Glad you guys are in touch now! / ⑮I had the early shift today, / so I'm off now. / ⑯See you tomorrow. / ⑰Have a good afternoon!

Customer Relations 3 (1:37 P.M.)
⑱I think / I found it. / ⑲It says Lily inside. / ⑳Is this / what you're looking for?

Customer Relations 1 (1:39 P.M.)
㉑Thanks, Emi. / ㉒I just talked to our customer / and, in fact, her daughter's name is Lily! / ㉓We're by the entrance / of Moonlight Cafeteria now. / ㉔Can you bring it over?

Customer Relations 3 (1:40 P.M.)
㉕No prob. / ㉖OMW.

語句・読解のポイント

Customer Relations 1 (1:25 P.M.)

①

Is there anyone 誰かいますか

by the fountain? 噴水のそばに

語句

□ **by** ～のそばに　　□ **fountain** 噴水

読解のポイント

- Is there anyone の anyone は anybody とも言い換えられます。もう少しカジュアルな雰囲気のチャットメッセージであれば Anyone by the fountain? のように Is there が省略されることもあります。

②

A visitor lost her baby's shoe お客様が赤ちゃんの靴をなくしました

in the area. その辺りで

読解のポイント

- shoe は片方の靴を指しますので、1 歳の子の片足の靴が見つからない状態であることがわかります。両足の靴は a pair of shoes となり、shoes は複数形です。

③

It's blue それは青いです

with a white flower print. 白い花柄がついています

語句

□ **flower print** 花柄

読解のポイント

- 柄について表現するときには色→模様の順で表現します。red with white polka-dots「赤地に白い水玉柄」やgreen with yellow stripes「緑色に黄色のストライプ柄」のように言います。

④
For a one-year-old, 1歳用のもので
pretty small. -John かなり小さいです ―John

読解のポイント

- スタッフ間でスマートフォンなどのデバイスを使い回す場合、名前表示はスマホ1、スマホ2、スマホ3などとデバイス名が表示されることがあります。その日に誰がどの端末を使っているかを知らせるために、最初の発言の中で“-John”のように自分が誰かを知らせることが多いです。3人目のEmiは冒頭でEmi here.と述べています。どのような形で自分が誰であるかを伝えるべきか、ルールはありません。また、一度名乗った後は話の流れで誰が発言しているのかがわかるので、2回目以降の発言では名前を書かないことが多いです。

Customer Relations 2 (1:28 P.M.)
⑤
I was there 私はそこにいました
a few minutes ago, 数分前に
but I'm back 今は戻っています
in the staff room. スタッフルームに

語句

□ **a few minutes ago** 数分前に

読解のポイント

- I'm back in the staff room. から、スタッフルームが業務の起点になっていることがわかります。スタッフルームから仕事を始め、仕事を終えてスタッフルームに戻っているような印象を与える文です。この後の発言から、Sarahは帰路につく直前だということがわかります。スタッフルームが1日の業務の起点になっていない場合はI'm in the staff room now.「今はスタッフルームにいる」と述べ、backは使いません。

⑥

I saw Emi　Emiがいるのを見ました

up there.　あそこに

語句

☐ **up there**　あそこに

読解のポイント

- この文から読み取れるのは、噴水がちょっとした坂の上にあるということです。平らな地形であれば、I saw Emi there. と言いますが、up があるので坂の上だとわかります。

⑦

Maybe she's still in the area.　おそらく彼女はまだその辺りにいます

読解のポイント

- the area の the「その」が示しているのは噴水のある場所です。

⑧

I'll call her　彼女に電話します

and tell her　そして彼女に伝えます

to check your text message. -Sarah

あなたのメッセージをチェックするように　―Sarah

語句

☐ **text message**　（携帯電話の）メッセージ

読解のポイント

- I'll call her は「今この瞬間にこの行動を取ることを決断した」というニュアンスです。will と be going to が同じ意味だと考えている方もいますが、be going to はすでに次の行動が決まっているときに使う表現です。Sarah は今メッセージを受け取り、次の行動を決めたわけですから、will が適切です。

Customer Relations 3 (1:33 P.M.)

⑨

Hey, John.　ねえ、John

読解のポイント

- Hey は Hi よりもカジュアルなメッセージの始め方です。John は Emi が日頃からよく話す相手であることが読み取れます。

⑩

Emi here.　こちらは Emi です

読解のポイント

- これは It's Emi here. の It's が省略された表現。チャットでは、挨拶文をシンプルに書くことが多いです。

⑪

Sorry for the delay.　遅れてごめんなさい

語句

□ **sorry for**　～をすまないと思う

読解のポイント

- Sorry for は I'm sorry for の I'm を省略した形です。こちらもカジュアルな印象を与えます。

⑫

I just got the info　たった今情報をもらいました
from Sarah.　Sarah から

読解のポイント

- just にはたくさんの意味と用法がありますが、ここでは日本語にしやすい「たった今」の意味です。その一方、日本語にしにくいのが I just wanted to let you know ～「ちょっとしたことなんだけれど」といったニュアンスの just です。「ちょっとごめんね」のような気持ちを込めたいときにも使われます。多くの英文を読み、どんな場面で使われているのかを意識することで、自分でも適切なタイミングで使えるようになっていきます。

⑬
I can walk back 私は歩いて戻ることができます
up to the fountain 噴水のところまで
and look. そして見てきます

語句

☐ **up to** ～まで

読解のポイント

- walk back は「歩いて戻る」という意味。ここでは go back と入れ替えて I can go back up to the fountain としても同じ意味になります。

Customer Relations 2 (1:33 P.M.)
⑭
Glad you guys are in touch now! あなたたちが連絡を取り合えてよかったです

語句

☐ **you guys** あなたたち　☐ **be in touch** 連絡がつく

読解のポイント

- glad の前には I'm が省略されています。
- guy は「やつ、男」という意味の単語ですが、you guys は女性に対しても使われる表現です。

⑮

I had the early shift today, 今日は早いほうのシフトでした

so I'm off now. なのでもう帰ります

語句

☐ **early shift** 早めのシフト、早番　☐ **be off** （仕事から）帰路につく

読解のポイント

- off には 2 つの意味があります。1 つが「勤務日ではない」、もう 1 つが「帰路につく」です。I'm off today. と言えば「今日は休みです」という意味ですが、この文では職場にいる状態ですので「今から帰る」という意味です。I'm off home.「家に向かう」の省略形の I'm off. です。

⑯

See you tomorrow. また明日

読解のポイント

- 勤務終了時に日本語で言う「お疲れ様でした」にあたるのが See you tomorrow. です。

⑰

Have a good afternoon! 良い午後をお過ごしください！

読解のポイント

- 前の⑯に続き、これもビジネスにおける定型表現の挨拶。「お疲れ様でした」の代わりです。

Customer Relations 3 (1:37 P.M.)

⑱

I think 私は思います

I found it. それを見つけたと

読解のポイント

- I think で始めていることから、少々自信がないことがわかります。I found it.「見つけました」と言い切れない、まだ確信がない状態であることが読み取れます。

⑲

It says Lily inside.　中に Lily と書いてあります

語句

□ **say**　（～に）…と書いてある

読解のポイント

- say は「言う」という意味でよく使われますが、主語が物の場合には「(～に）…と書いてある」という意味になります。

⑳

Is this　これは～ですか

what you're looking for?　あなたが探しているもの

読解のポイント

- look for の類義表現に search for もありますが、search for は大々的に探すことや、いろいろ調べながら探すことを意味します。ここでは search for は少々仰々しいため使えません。

Customer Relations 1 (1:39 P.M.)

㉑

Thanks, Emi.　ありがとう、Emi

読解のポイント

- チャットなので、わざわざ名前を打ち込まなくてもいいのではないかと思うかもしれませんが、英語圏では文化的によく相手の名前を呼びます。そのため、チャットであっても相手の名前をわざわざ書くことが多いです。

㉒

I just talked to our customer　私はちょうど今そのお客様とお話ししました

and, in fact, her daughter's name is Lily!　そして実際、娘さんのお名前がリリーです！

語句

☐ **customer**　顧客

㉓

We're by the entrance　私たちは入り口のそばにいます

of Moonlight Cafeteria now.　Moonlight Cafeteria の

語句

☐ **entrance**　入り口

読解のポイント

- We は、靴をなくしたお客様と John を指します。
- by the entrance は「入り口付近」という意味なので、これだけでは具体的に入り口のどの辺りかは伝わりません。もし大きな施設で入り口付近がごった返しているのであればもう少し具体的な場所を示されるでしょう。ここでは、Moonlight Café にはわかりやすい入り口が 1 つあるのだと読み取ることができます。

㉔

Can you bring it over?　それを持ってきてもらえますか

語句

☐ **bring ～ over**　～を持ってくる

読解のポイント

- bring it over の over は「わざわざ来てもらう」というニュアンスを含みます。Can you bring it here? よりも「わざわざ持ってきてもらって申し訳ないけれども」といった意味合いが込められています。

Customer Relations 3 (1:40 P.M.)

㉕

No prob.　問題ありません

語句

□ **prob**　問題（= problem）

読解のポイント

- prob は problem「問題」の省略形です。

㉖

OMW.　今向かっています

語句

□ **OMW**　今向かっています（= on my way）

読解のポイント

- OMW は on my way「向かっています」を略したものです。チャットメッセージでよく使われます。

この英文を読んだ後、どのような行動に移るべきか

問題が解決しましたね。あなたがJohnであれば、これから取るべき行動はシンプルです。そのままMoonlight CafeteriaでEmiの到着を待ち、お客様にLilyちゃんの靴を渡してもらいましょう。チャットメッセージは展開が早いので、刻々と変わる状況を理解することが大切です。例えば、この会話ではEmiとJohnをつなぐ手伝いをしたSarahはもう帰路についており、靴が発見されたことは次に出社したときに知ることになるでしょう。

チャットメッセージ4

Track 14

(5:21 P.M.) Daniel Kim
Hi guys, is anyone still in the office?

(5:21 P.M.) Mariko Ono
I'm in the parking lot. Just about to leave. Why?

(5:22 P.M.) Daniel Kim
I forgot to bring the extra handouts for the conference. Can you pick them up and bring them?

(5:22 P.M.) Mariko Ono
Remember, I'll be coming in late cuz I have to drop off my kids at school.

(5:23 P.M.) Lisa Kobayashi
I'm still in the downtown area, but I actually have to go back to the office to get some paperwork done. I'll pick up the files and bring them in on Monday.

(5:25 P.M.) Daniel Kim
You're so awesome, Lisa. I owe you breakfast. Do you want to come meet me at Melanie's across the street from the Conference Center? I'll be there around 7:30. I love their pancakes.

(5:26 P.M.) Lisa Kobayashi
Sure, I'll meet you there. Their muffins are incredible, too. Btw, where are the handouts?

(5:27 P.M.) Daniel Kim
On Ben's desk. Thanks! Have a good weekend, everyone!

来週の月曜にカンファレンスセンターに行くDanielが忘れ物をしてしまい、同僚に忘れ物を取ってきてもらえないか尋ねています。Marikoは自分が適任ではない理由を述べ、Lisaは自分が対応する旨を伝えています。

訳

（午後 5 時 21 分）Daniel Kim
ねえみんな、誰かまだオフィスにいますか？

（午後 5 時 21 分）Mariko Ono
私は駐車場にいます。ちょうど帰ろうとしているところ。どうしましたか？

（午後 5 時 22 分）Daniel Kim
会議用の追加の配布物を持ってくるのを忘れてしまいました。取りにいって持ってきてもらえますか？

（午後 5 時 22 分）Mariko Ono
覚えていますか、私は学校に子どもたちを送っていかなければならないので、到着が遅くなるのです。

（午後 5 時 23 分）Lisa Kobayashi
私はまだ市街地にいますが、実はオフィスに戻って書類仕事を終わらせないといけないんです。ファイルを取って、月曜日に持ってきますよ。

（午後 5 時 25 分）Daniel Kim
あなたは本当に最高だよ、Lisa。朝食をご馳走させて。カンファレンスセンターの向かいにある Melanie's に会いにきてくれない？　僕は 7 時 30 分頃そこにいます。そこのパンケーキが大好きなんです。

（午後 5 時 26 分）Lisa Kobayashi
もちろん、そこで会いましょう。マフィンも素晴らしいですよね。ところで、配布物はどこにありますか？

（午後 5 時 27 分）Daniel Kim
Ben の机の上です。ありがとう！　皆さん、良い週末を！

スラッシュリーディング用の英文

(5:21 P.M.) Daniel Kim
①Hi guys, / is anyone still in the office?

(5:21 P.M.) Mariko Ono
②I'm in the parking lot. / ③Just about to leave. / ④Why?

(5:22 P.M.) Daniel Kim
⑤I forgot to bring the extra handouts / for the conference. / ⑥Can you pick them up / and bring them?

(5:22 P.M.) Mariko Ono
⑦Remember, I'll be coming in late / cuz I have to drop off my kids at school.

(5:23 P.M.) Lisa Kobayashi
⑧I'm still in the downtown area, / but I actually have to go back to the office / to get some paperwork done. / ⑨I'll pick up the files / and bring them in on Monday.

(5:25 P.M.) Daniel Kim
⑩You're so awesome, Lisa. / ⑪I owe you breakfast. / ⑫Do you want to come meet me / at Melanie's / across the street from the Conference Center? / ⑬I'll be there around 7:30. / ⑭I love their pancakes.

(5:26 P.M.) Lisa Kobayashi
⑮Sure, I'll meet you there. / ⑯Their muffins are incredible, too. / ⑰Btw, where are the handouts?

(5:27 P.M.) Daniel Kim
⑱On Ben's desk. / ⑲Thanks! / ⑳Have a good weekend, everyone!

語句・読解のポイント

(5:21 P.M.) Daniel Kim

①

Hi guys,　こんにちは、皆さん

is anyone still in the office?　誰かまだオフィスにいいますか

読解のポイント

- Is anyone in the office? と Is someone in the office? は日本語に訳すと「誰かオフィスにいますか」となりますが、まったくニュアンスが異なります。前者は「誰もいないかもしれない」と思いながら、「誰かいませんか」と人を探しているときに使われます。反対に、誰かがいると思っているときに使うのが someone です。someone は例えば、暗いオフィスの中で物音がして驚いたときに「誰かいるの？」と恐る恐る聞くときや、本来いるはずもない時間帯に人がいるかもしれないと感じたときなどに使います。

(5:21 P.M.) Mariko Ono

②

I'm in the parking lot.　私は駐車場にいます

語句

□ **parking lot**　駐車場

読解のポイント

- parking lot と共によく使われる前置詞は in です。at が使われることもありますが、at は例えば I'm waiting for you at the parking lot. で、駐車場「で」待っていることを強調したいときにわざわざ使う形になります。一般的に駐車場は広いので、in a park のように特定の範囲の中にいるというイメージを持ちましょう。

③

Just about to leave.　ちょうど帰ろうとしているところです

読解のポイント

- be about to *do* で「～しようとしている」を表し、Just about to leave. は I'm just about to leave. の主語＋ be 動詞を省略したものです。

④
Why?　どうしましたか

読解のポイント

- この Why は Why are you asking?「なぜそんな質問をするのですか」の省略形と考えましょう。意訳すると「どうしましたか」というニュアンスとなります。

(5:22 P.M.) Daniel Kim
⑤
I forgot to bring the extra handouts　追加の配布物を持ってくるのを忘れました
for the conference.　会議用の

語句

□ **handout**　配布物　　□ **conference**　会議

読解のポイント

- conference と meeting は日本語で共に「会議」と訳されますが、実際は違いがあります。conference は大きな会場で行う研究発表や大がかりな営業プレゼンテーションなどのイベントを指します。一般的にホテルの会議室やカンファレンスセンターなどの会場で行われます。一方 meeting は、日頃行っている会議を指します。社内会議や訪問客と行う打ち合わせなどが meeting の部類です。

⑥
Can you pick them up　取りにいってもらえますか
and bring them?　そして持ってきてもらえますか

語句

□ **pick ～ up**　～を取ってくる

読解のポイント

- pick up には「ちょっと取ってくる」といった、そんなに大変なことではないニュアンスが含まれます。

(5:22 P.M.) Mariko Ono

⑦

Remember, I'll be coming in late 覚えていますか、私は到着が遅くなるのです

cuz I have to drop off my kids at school.

私は学校に子どもたちを送っていかなければならないので

語句

☐ **remember** ～を覚えている
☐ **come in late** 到着が遅れる
☐ **cuz** ～なので（= because）
☐ **drop off** ～を降ろす

読解のポイント

- cuz は because の省略形で、発音はアメリカ英語なら短くカズ /kəz/ です。

(5:23 P.M.) Lisa Kobayashi

⑧

I'm still in the downtown area, 私はまだ市街地にいます

but I actually have to go back to the office

ですが、実は オフィスに戻らなければいけません

to get some paperwork done. 書類仕事を終えるために

語句

☐ **downtown area** 市街地
☐ **paperwork** 書類仕事

読解のポイント

- I actually have to の actually から、彼女はオフィスに戻らないはずだったのに「やっぱり戻る」ことになったこと、つまり、彼女の状況が変化したのを読み取ることができます。actually を使うことで「ちょうどオフィスに戻ることになったから、ついでに配布物を取りにいける」というニュアンスになり、Daniel に恩を売っているわけではないという彼女の配慮が表現されています。なお、I have to go back

Eメール
チャットメッセージ
広告
記事

to the office anyway.「どうせオフィスに戻る必要がある」と anyway を使って「ついで」を表現することも可能です。

⑨

I'll pick up the files 私はファイルを取り
and bring them in on Monday. そしてそれらを月曜日に持ってきます

語句

□ **bring ～ in** ～を持ってくる

読解のポイント

- ここでは pick up ＋目的語の語順になっていますが、目的語に代名詞が来る場合、pick ＋目的語＋ up の語順になります。bring in も同様です。

(5:25 P.M.) Daniel Kim

⑩

You're so awesome, Lisa. あなたは本当に最高だよ、Lisa

語句

□ **awesome** 素晴らしい、最高

読解のポイント

- awesome はアメリカでよく使われ、職場でも使えるスラングです。「マジ最高」というようなイメージを持っておくといいでしょう。Daniel はかなり親しみを込めて Lisa にカジュアルに語りかけていることがわかります。

⑪

I owe you breakfast. あなたに朝食をご馳走させて

語句

□ **owe A B** A に B の借りがある

読解のポイント

- owe you breakfast は直訳すると「あなたに朝食の借りがある」となりますが、こ

れは「あなたに朝食をおごるべきだ」という意味を表します。I owe you. は直訳すると「あなたに借りがある」となる感謝の定型表現です。

⑫

Do you want to come meet me　私に会いにきてくれませんか
at Melanie's　Melanie's に
across the street from the Conference Center?
カンファレンスセンターの向かいにある

語句

□ **come meet**　～に会いにくる
□ **across A from B**　B から A を横切ったところに

読解のポイント

- Do you want to come meet me は want to を使っていることから、相手に「よかったら来て」という雰囲気で誘う表現です。Can you ～？や Could you ～？よりも相手に判断を託している柔らかい表現です。come meet me は come to meet me から to が省略された形だと考えられますが、実際の英語ではこの to は使われないのが通常です。なお、go も同様で、go see a movie「映画を観にいく」、go get a haircut「散髪をしにいく」のように用います。

⑬

I'll be there around 7:30.　私は 7 時 30 分頃そこにいます

読解のポイント

- around は「周り」のイメージを持つ前置詞です。「7 時 30 分の周り」なので「7 時 30 分頃」という意味になります。
- 誘い文句の後にこの文を述べていることから、相手が来ても来なくても自分はこのような予定で動くつもりでいるので、「あまり無理せずに検討して」といった会話の流れになっています。

⑭

I love their pancakes.　私はそこのパンケーキが大好きなんです

読解のポイント

- この文も前の文同様に、もとからその店で朝食を取ることを予定していたと伝える役割があります。

(5:26 P.M.) Lisa Kobayashi

⑮

Sure, I'll meet you there.　もちろん、そこで会いましょう

語句

□ **sure**　もちろん

読解のポイント

- I'll meet you there. よりもカジュアルにしたい場合は I'll see you there. と言います。Daniel は Lisa にカジュアルに話していますが、Lisa はさほどカジュアルではない雰囲気で返答していることから、2 人の人間関係がある程度読み取れます。

⑯

Their muffins are incredible, too.　マフィンも素晴らしいですよね

語句

□ **incredible**　信じられないくらい素晴らしい

読解のポイント

- この文は、自分も Melanie's がおいしい朝食を出すことを知っていることを伝える役割を担っています。コミュニケーションにおいては、このようにさりげなく相手への同意を示せると人間関係が円滑になりますね。

⑰

Btw, where are the handouts?　ところで、配布物はどこにありますか

語句

□ **btw**　ところで（= by the way）

読解のポイント

- btw は by the way の省略形です。この他の省略形は p. 61 を参照してください。

(5:27 P.M.) Daniel Kim

⑱

On Ben's desk. Ben の机の上です

読解のポイント

- On Ben's desk. は They're on Ben's desk. の主語 + be 動詞を省略したものです。チャットではテンポ良くメッセージを送り合うため、このような省略がよく起きます。実際にビジネスでチャットを使っているときに、会話の後半になってくると、省略されることが増えてくるような印象があります。早くやり取りを終えたい当事者たちの気持ちが表れるのかもしれません。

⑲

Thanks! ありがとう！

⑳

Have a good weekend, everyone! 皆さん、良い週末を！

この英文を読んだ後、どのような行動に移るべきか

あなたがLisaだったらどのような行動を取りますか。

まずは、今日はこれからオフィスに戻って、Benの机の上から資料を取り、持ち帰りましょう。事務作業を終えてからの帰宅となります。

月曜のカンファレンスの日は資料を持って7:30頃にMelanie'sへ行き、おいしいパンケーキかマフィンを食べてDanielにおごってもらいましょう！　そして、当日はMarikoの到着が遅くなることを覚えておいてくださいね。

チャットメッセージ5

Track 15

Nathan Tipton [2:06]
We really need to discuss where we're holding the shareholders' meeting. Is it on the agenda for tomorrow's meeting?

Yuto Yamazaki [2:06]
No, and we won't have time. We need to finish up in 45 min. cuz Sam's going on a business trip right afterwards.

Sammy Ward [2:07]
Delia started looking into some locations and she's already in the process of putting together a comparison list. I took a peek already. Looks good.

Yuto Yamazaki [2:08]
Wow, she's always on top of things! Delia, can you share the list with us? Maybe we can narrow it down and it'll make the decision-making process smoother.

Delia Higashi [2:31]
Sorry, guys, I was in a mtg. Sure, let me show what I have as of now. I'll stop by later today, probably around 3:30.

Nathan Tipton [2:32]
I might not be around at that time, but I trust Yuto's judgement. You guys can work out the details. I just need to know which venues made the cut.

Delia Higashi [2:34]
Alright, thanks. ttyl!

株主総会の会場決めをしようとしているチャット画面です。Deliaが作ったリストをもとに、まずは候補を絞ることから始めようと合意しています。

訳

Nathan Tipton［2 時 6 分］
株主総会をどこで開催するかについて、本腰を入れて話し合う必要があります。明日の会議の議題に載っていますか？

Yuto Yamazaki［2 時 6 分］
いいえ、それに時間もありません。 45 分で終了する必要があります。 Sam がその直後に出張に出かけるからです。

Sammy Ward［2 時 7 分］
Delia はいくつかの場所を調べ始めていて、すでに比較リストをまとめているところです。私はすでに少し見ました。いい感じです。

Yuto Yamazaki［2 時 8 分］
わあ、彼女はいつもすべてを把握していますね！ Delia、リストを私たちと共有できますか？ もしかしたら、それを絞り込むことで意思決定プロセスがスムーズになるかもしれない。

Delia Higashi［2 時 31 分］
皆さんすみません、私は会議に出ていました。もちろんです、私が現時点で持っているものを見せますよ。今日この後、おそらく 3 時 30 分頃に立ち寄ります。

Nathan Tipton［2 時 32 分］
私はそのときにはいないかもしれませんが、Yuto の判断を信頼します。細かいことはあなたたちが決めてくれればと思います。私はどの会場が選ばれたのかだけを知れば十分です。

Delia Higashi［2 時 34 分］
わかりました、ありがとう。また後でね！

スラッシュリーディング用の英文

Nathan Tipton [2:06]
①We really need to discuss / where we're holding the shareholders' meeting. / ②Is it on the agenda / for tomorrow's meeting?

Yuto Yamazaki [2:06]
③No, / and we won't have time. / ④We need to finish up / in 45 min. / cuz Sam's going on a business trip right afterwards.

Sammy Ward [2:07]
⑤Delia started looking into some locations / and she's already in the process / of putting together a comparison list. / ⑥I took a peek already. / ⑦Looks good.

Yuto Yamazaki [2:08]
⑧Wow, she's always on top of things! / ⑨Delia, can you share the list with us? / ⑩Maybe we can narrow it down / and it'll make the decision-making process smoother.

Delia Higashi [2:31]
⑪Sorry, guys, / I was in a mtg. / ⑫Sure, let me show / what I have / as of now. / ⑬I'll stop by later today, / probably around 3:30.

Nathan Tipton [2:32]
⑭I might not be around / at that time, / but I trust Yuto's judgement. / ⑮You guys can work out the details. / ⑯I just need to know / which venues made the cut.

Delia Higashi [2:34]
⑰Alright, thanks. ttyl!

語句・読解のポイント

Nathan Tipton [2:06]

①

We really need to discuss 私たちは本腰を入れて話し合う必要があります

where we're holding the shareholders' meeting.

株主総会をどこで開催するかについて

語句

☐ **shareholder** 株主

読解のポイント

- ここでは間接疑問文が使われており、where we're holding the shareholders' meeting は discuss の目的語となる名詞節です。
- We really need to の really は「本当に」「切実に」という意味です。株主総会の場所を決める期限が迫っていることを意味しています。

②

Is it on the agenda 議題に載っていますか

for tomorrow's meeting? 明日の会議の

語句

☐ **agenda** 議題

読解のポイント

- agenda と一緒に使われる前置詞は on です。on the agenda「議題に載っている」は１つのフレーズとして覚えておきましょう。

Yuto Yamazaki [2:06]

③

No, いいえ、

and we won't have time. それに、（議論の）時間がありません

読解のポイント

- ここでの and は「それに」や「しかも」といったニュアンス。議題に載っていないし、載せることもできない事情があることを伝えています。

④

We need to finish up 私たちは終了する必要があります

in 45 min. 45 分で

cuz Sam's going on a business trip right afterwards.

Sam がその直後に出張に出かけるからです

語句

☐ **finish up** 終了する
☐ **right afterwards** その直後に
☐ **business trip** 出張

読解のポイント

- この文は前の文の「議論の時間がない」理由の説明として機能しています。

Sammy Ward [2:07]

⑤

Delia started looking into some locations Delia はいくつかの場所を調べ始めました

and she's already in the process そして彼女はすでに過程にいます

of putting together a comparison list. 比較リストをまとめる

語句

☐ **look into** ～を調査する
☐ **comparison** 比較
☐ **put together** ～をまとめる

読解のポイント

- ここでは、株主総会の会場が決まっていないことを心配している Yuto に対し、すでに Delia が候補リストを作り始めていることを Sammy が報告しています。already in the process of ～のニュアンスは「すでに～をし始めている」です。

⑥

I took a peek already. 私はすでに少し見ました

語句

□ **take a peek**　少し見る

読解のポイント

- ここで peek「覗く」が使われているのは、しっかりと内容を確認したわけではなく、ざっとリストを見ただけだと伝えたいからだと考えられます。take a peek の反対は take a thorough look「隅々までよく見る」です。

⑦

Looks good.　いい感じです

読解のポイント

- Looks good. は It looks good. から主語の It を省略した形で、比較的カジュアルな会話や文書でも使われます。

Yuto Yamazaki [2:08]

⑧

Wow, she's always on top of things!　わあ、彼女はいつもすべてを把握していますね！

語句

□ **on top of things**　すべてを把握して

読解のポイント

- on top of things は慣用句。山積みになった書類や仕事の上に立っていて、すべてを見渡している人のイメージで覚えましょう。何でも把握しており、遅延なく、何も滞りなく仕事を進める様子を意味します。仕事の場面のみならず、日常生活について述べるときにも使えます。

  例：John, how do you stay on top of things when you work and also have three kids?（John、仕事もして 3 人の子どももいて、どうやって完璧にスケジュール管理しているの？）

⑨

Delia, can you share the list with us?　Delia、リストを私たちと共有できますか

語句

□ **share A with B**　AをBと共有する

読解のポイント

- Can you ～？は依頼文ですが、提案の文にも読み取れます。次の文でYutoはリストの共有目的を述べ、次の作業ステップについて提案しています。

⑩

Maybe we can narrow it down

もしかしたら私たちはそれを絞り込むことができるかもしれない

and it'll make the decision-making process smoother.

そしてそれは意思決定プロセスをよりスムーズにするでしょう

語句

□ **narrow ～ down**　～を絞り込む　□ **smoother**　よりスムーズな

□ **decision-making**　意思決定の

読解のポイント

- リストを共有してもらう目的を説明する文です。このように、ビジネス文書ではよく、取ってほしい行動→その理由の説明の順で情報が提示されます。
- decision-making processは「意思決定プロセス」というフレーズで覚えておくといいでしょう。

Delia Higashi [2:31]

⑪

Sorry, guys,　皆さん、すみません

I was in a mtg.　私は会議に出ていました

語句

□ **guys**　皆さん　□ **mtg**　会議（= meeting）

読解のポイント

- Sorryと述べているのは、チャットメッセージにはすぐに返信すべきなのに、すぐに返信できなかったからです。直前のメッセージから23分が過ぎていることに気

づきましたか。

- mtg は meeting「会議」の省略形です。
- ここでは I had a meeting.「会議があった」という表現も使えなくはないものの、I was in a meeting.「会議に出席していた」のほうがベターです。in a meeting は物理的に会議に出席していたということを明示しますが、had a meeting には出欠のニュアンスがないためで、I had a meeting (to attend), but I missed it.「会議があったけれど、行けなかった」と言うことも可能です。

⑫

Sure, let me show もちろんです、見せます
what I have 私が持っているものを
as of now. 現時点で

語句

☐ **as of** ～の時点で

読解のポイント

- what I have は「私が持っているもの」という意味です。
- as of now「現時点で」は now を別の単語に置き換えることで、「～現在」といった日本語訳をつけることができます。as of May 1「5 月 1 日時点で」、as of 2 o'clock「2 時現在」のように使います。

⑬

I'll stop by later today, 今日この後、立ち寄ります
probably around 3:30. おそらく 3 時 30 分頃に

語句

☐ **stop by** 立ち寄る

読解のポイント

- stop by の類義表現として drop by も一緒に押さえておきましょう。共に「ちょっと立ち寄る」といったニュアンスです。

Nathan Tipton [2:32]

⑭

I might not be around 私はいないかもしれません
at that time, そのときには
but I trust Yuto's judgement. ですが、Yuto の判断を信頼します

語句

□ **at that time** そのとき　□ **judgement** 判断

読解のポイント

- trust 人 's judgement は「～の判断を信頼する」という定型表現です。相手に判断を委ねたいときに I trust your judgement. と言い、相手への信頼を表します。

⑮

You guys can work out the details. あなたたちが詳細を決めてください

語句

□ **work out** （問題などを）解決する

読解のポイント

- この work out the details はよく使われるフレーズです。work out は課題に取り組み、結論を出して解決するといったニュアンスで使われます。「あなたたちが詳細を決めていい」という許可を、can を使って表しています。work out は他に「理解する」「運動する」など、様々な意味で使われる句動詞ですので、文脈から意味を判断しましょう。

⑯

I just need to know 私は～だけを知る必要があります
which venues made the cut. どの会場が選ばれたのかを

語句

□ **make the cut** 基準を満たしていると認められる

読解のポイント

- which venues made the cut で、venues が複数形になっています。つまり最終候

補は 1 つではなく、いくつか必要であることがわかります。
- make the cut は言葉のイメージどおり、一覧から候補がカットされていって残ったものを表します。オーディションなど、人数が絞り込まれていくものでは、make the first cut「第 1 審査を突破する」、make the second cut「第 2 審査を突破する」のように表現します。

Delia Higashi [2:34]
⑰
Alright, thanks. ttyl! わかりました、ありがとう。また後でね！

語句

□ **ttyl** また後でね（= Talk to you later.）

読解のポイント

- alright は all right と書くのが正式とされていますが、昨今、素早く書くために alright の表記も多く見られるようになっています。
- ttyl は Talk to you later.「また後でね」の省略形です。本来は文頭は大文字にして Ttyl とするべきですが、小文字だけでの表記もよく見ます。

この英文を読んだ後、どのような行動に移るべきか

あなたがYutoなら何をすればいいでしょうか。株主総会の会場については会議で話し合う時間がないので、Deliaが作り始めた一覧をもとに会場候補を絞ることになりました。3:30頃にDeliaがやってくるので、そのリストを見ながら意見を述べて候補を整理していきましょう。あなたが判断するようにNathanから委任されていますので、3つくらいまで絞り込めれば、あとはそれぞれのメリットとデメリットを整理し、このチャット内のメンバーに共有することで最終判断が下されるでしょう。

広告 1

TRACK 16

Picture US

20% OFF Spring Special!

Did you know more than 60% of your potential clients may take into consideration how your professional business portrait looks when making a decision to work with you? 62% of our survey respondents said they have chosen one company over another because of the positive impressions they had of photographs on a company's website.

Nowadays, people "meet" someone online before seeing them in person. A professional portrait will help you give a good first impression. Our highly skilled photographer will work with you to get your best shots. Capturing your unique personality traits is at the heart of what we do. Stand out with our high-quality portraits and look professional.

If your portrait is more than a year or two old, update your picture. Keeping current gives the impression that you are on top of things. Use our promo code and get a 20% discount on your portraits this spring!

Click to

BOOK A SESSION NOW

PROMO CODE: SpringFun

Valid for photo shoots taking place by April 30

All of the pictures taken will be downloadable within minutes after your session. You may choose to get your favorite pictures printed for a small fee. Pictures are printed in the studio the same day! You'll get your beautiful photos within an hour. We also have some coupons for you to enjoy some free coffee in a nearby café while you wait.

This advertisement was sent to you because you asked to receive updates and promotions from Picture US. If you do not wish to receive any more special offers, please click **HERE** to be removed from our list. It may take up to 3 days for your name to be removed from our list.

ポートレート写真用の撮影スタジオ、Picture USの広告です。ビジネス用により良い印象の写真をウェブサイトに掲示する重要性について述べ、春の特別キャンペーンを告知しています。

訳

Picture US

春の特別 20% OFF！

潜在顧客の 60%超が、あなたに仕事を任せようと決定する際にあなたのプロフェッショナルなビジネスポートレート写真の見え方を考慮する場合があることをご存じでしたか。調査回答者の 62%は、会社のウェブサイトの写真に対してポジティブな印象を受けたことから、別の会社ではなくその会社を選んだと答えています。

今日、私たちは人に直接会う前にオンラインで「会う」のです。プロフェッショナルによるポートレート写真は、良い第一印象を相手に与えるのに役立ちます。高い技術力を持つ当社の写真家が、あなたと協力してベストショットを生み出します。お客様のユニークな個性を捉えることが、私たちが真心こめて行う仕事です。高品質のポートレートでプロフェッショナルな印象を与え、目立ちましょう。

ポートレートが 1 ～ 2 年以上前のものである場合は、写真を更新してください。最新の状態を保つことは、あなたが時代の最先端にいるという印象を与えます。プロモーションコードを使用して、この春のポートレート撮影を 20%割引でご利用ください。

クリックして
今すぐセッションを予約する
プロモーションコード：SpringFun
4 月 30 日までに行われる写真撮影に有効

撮影した写真はすべて、セッション後数分以内にダウンロードすることができます。あなたは少額の料金でお気に入りの写真をプリントすることが可能です。その日のうちにスタジオで写真がプリントされます！ 1 時間以内に美しい写真を手に入れることができます。待っている間、近くのカフェで無料のコーヒーを楽しむためのクーポンもあります。

この広告は、Picture US から最新情報や宣伝を受け取ることをあなたが求めたため送信されました。今後特別なオファーを受け取りたくない場合には、**こちら**をクリックして当社のリストから削除を行ってください。あなたの名前がリストから削除されるまで、最大 3 日かかる場合があります。

スラッシュリーディング用の英文

① Picture US

② 20% OFF Spring Special!

③ Did you know / more than 60% of your potential clients may take into consideration / how your professional business portrait looks / when making a decision to work with you? / ④ 62% of our survey respondents said / they have chosen one company over another / because of the positive impressions / they had of photographs / on a company's website.

⑤ Nowadays, people "meet" someone online / before seeing them in person. / ⑥ A professional portrait will help you / give a good first impression. / ⑦ Our highly skilled photographer will work with you / to get your best shots. / ⑧ Capturing your unique personality traits is / at the heart of what we do. / ⑨ Stand out with our high-quality portraits / and look professional.

⑩ If your portrait is more than a year or two old, / update your picture. / ⑪ Keeping current gives the impression / that you are on top of things. / ⑫ Use our promo code / and get a 20% discount / on your portraits this spring!

⑬ Click to

BOOK A SESSION NOW

PROMO CODE: SpringFun

Valid for photo shoots / taking place by April 30

⑭ All of the pictures taken / will be downloadable within minutes / after your session. / ⑮ You may choose to get your favorite pictures printed / for a small fee. / ⑯ Pictures are printed in the studio / the same day! / ⑰ You'll get your beautiful photos / within an hour. / ⑱ We also have some coupons for you / to enjoy some free coffee / in a nearby café / while you wait.

⑲ This advertisement was sent to you / because you asked to receive updates and promotions / from Picture US. / ⑳ If you do not wish to receive any more special offers, / please click **HERE** / to be removed from our list. / ㉑ It may take up to 3 days / for your name to be removed / from our list.

語句・読解のポイント

①

Picture US　Picture US［店舗名］

②

20% OFF Spring Special!　春の特別 20% OFF！

③

Did you know　あなたはご存じでしたか

more than 60% of your potential clients may take into consideration

潜在顧客の 60%超が、考慮する可能性があることを

how your professional business portrait looks

あなたのプロフェッショナルなビジネスポートレート写真の見え方を

when making a decision to work with you?

あなたに仕事を任せようと決定する際に

語句

☐ **potential client**　潜在顧客

☐ **take into consideration**　～を考慮に入れる

☐ **portrait**　ポートレート写真

☐ **make a decision to *do***　～することを決定する

読解のポイント

- more than は over に言い換えることができます。一般的に「以上」と訳されていますが、厳密に言うと両方とも「以上」ではなく「よりも多い（60<x）」という意味です。ここでは、「62%の人が」と説明が続くのでわかりやすいですが、英文を読んだときに、数字について厳密な理解ができている必要があります。なお、no more than は「以下」の意味です。no more than 60% と言うと、最大数が 60%ぴったりという意味ですので、60% も含まれます。

  ※数字に関する表現についてさらに学びたい方は、『英語の数字ルールブック』（クロスメディア・ランゲージ）をお薦めいたします。

- take into consideration はフレーズとして覚えておきましょう。後ろに目的語となる名詞が続きます。
- work には様々な意味がありますが、適切な解釈をするために必要なのは文の中のキーワードを見つけること。「誰が」「どうした」がキーワードとなっていることが多いです。この文では「潜在顧客が」「判断する」というキーワードがあります。潜在顧客が判断するのはあなたに仕事を依頼するかどうか、ということです。そのため、この文の work with の意味は一緒に働くということではなく、あなたに仕事を任せるというニュアンスです。なお、I'm working with a trainer at the gym.「ジムでトレーナーについてもらっている」のように、誰かから指南を受けるときにも work with が使われます。

④

62% of our survey respondents said 調査回答者の 62%は答えています

they have chosen one company over another

彼らは別の会社ではなくその会社を選んだ

because of the positive impressions ポジティブな印象のため

they had of photographs 彼らが写真に対して持った

on a company's website. 会社のウェブサイト上の

語句

☐ **respondent** 回答者　　☐ **choose A over B** B ではなく A を選ぶ

読解のポイント

- ここでは chosen a company ではなく、chosen one company over another という表現が使われています。over another があることで、写真が決定的な要因となって売り上げにつながるというメッセージが強調されています。
- the positive impressions は、they had と of photographs の両方から後置修飾されています。

⑤

Nowadays, people "meet" someone online

今日、人々は誰かにオンラインで「会う」のです

before seeing them in person. 直接会う前に

語句

☐ **nowadays**　今日（こんにち）　☐ **in person**　（本人が）直接、対面で

読解のポイント

- nowadaysは時制が現在の文で使われ、「過去と比べて現在は状況が違う」というような意味の文の中で使われます。また、these daysと言い換えることもできます。
- in personは「直接」や「対面で」という意味です。ビジネス場面においては、長らくメールやオンライン会議でしかやり取りしていなかった人と初めて対面したときに、握手をしながらIt's great to finally see you in person.「やっと直接お目にかかれて嬉しいです」と言うのが通例です。Nice to meet you.は初めて出会ったときにしか使えない挨拶ですので、meetを使うなら、in personをつけてI'm happy we're finally meeting in person.「やっと直接お会いできていることが嬉しいです」のように言いましょう。

⑥

A professional portrait will help you

プロフェッショナルによるポートレート写真は、あなたの役に立ちます

give a good first impression.　良い第一印象を相手に与えるのに

語句

☐ **first impression**　第一印象

読解のポイント

- ビジネスにおいて第一印象は売り上げを左右します。a good first impressionはよく使われる表現で、"How to Give a Good First Impression"「良い第一印象を与えるための手法」といったセミナータイトルを多数見かけます。

⑦

Our highly skilled photographer will work with you

高い技術力を持つ当社の写真家が、あなたと協力します

to get your best shots.　あなたのベストショットを生み出すために

語句

☐ **highly** 非常に　☐ **skilled** 熟練した

読解のポイント

- our highly skilled photographer のように、代名詞の所有格＋副詞＋形容詞（過去分詞）＋名詞の語順は、非常に頻繁に使われる語順です。
- ここでの work with you は、一緒に何かに取り組むという意味の work with です。写真を撮るのには被写体も写真家も必要で、2 人で協力する必要があるためです。③の work with とは意味が異なることに留意しましょう。

⑧
Capturing your unique personality traits is あなたのユニークな個性を捉えることが
at the heart of what we do 私たちが真心込めて行う仕事です

語句

☐ **capture** ～を捉える　☐ **at the heart of** ～の中心に
☐ **trait** 特色

読解のポイント

- personality traits は心理学では「性格特性」といった意味を持ちますが、この文では「あなたらしい写真を撮ります」というニュアンスです。
- at the heart of は「～の中心」というだけではなく「心を込めて」という意味も持ちます。モットーや心得を伝えるときにも使われる表現です。

⑨
Stand out with our high-quality portraits 高品質のポートレート写真で目立ちましょう
and look professional. そしてプロフェッショナルな印象を与えてください

語句

☐ **stand out** 目立つ

読解のポイント

- この文は Stand out という動詞句から始まる命令文です。広告では命令文がよく使われることを Chapter 1 でお伝えしました（p. 59）。「目立ちなさい」、つまり読み手に「目立ちましょうよ」と勧誘している文です。

⑩

If your portrait is more than a year or two old,
ポートレートが 1 ～ 2 年以上前のものである場合は
update your picture. 写真を更新してください

読解のポイント

- この文も命令文であり、「1 ～ 2 年も前の写真を使っている人」に写真を変更することを呼びかけています。

⑪

Keeping current gives the impression 最新の状態を保つことは、印象を与えます
that you are on top of things. あなたが時代の最先端にいるという

語句

☐ **keep current** 最新の状態を保つ

読解のポイント

- keep current は keep ～ current「～を最新の状態にしておく」という形でも使われます。
- on top of things は p. 187 では「仕事をうまく管理できている」というニュアンスで使われていました。この文では、仕事がよくできる人であるという意味に加え、keep current の表現にかけて「時代の最先端にいる」と訳しています。

⑫

Use our promo code プロモーションコードを使用して
and get a 20% discount 20%割引でご利用ください
on your portraits this spring! この春のポートレートを

語句

☐ **promo code** プロモーションコード（= promotion code）

読解のポイント

- promo code は promotion code の略です。オンラインで申し込む際、割引を適用するために入力するクーポンコードのことを指します。

⑬

Click to クリックして
BOOK A SESSION NOW 今すぐセッションを予約する
PROMO CODE: SpringFun プロモーションコード：SpringFun
Valid for photo shoots 写真撮影に有効
taking place by April 30 4月30日までに行われる

語句

☐ **book** ～を予約する　☐ **photo shoot** 写真撮影
☐ **valid for** ～に有効だ

読解のポイント

- キャンペーン情報には必ずこういった条件の提示があります。いつまでキャンペーンが行われてどのような条件で割引が受けられるのか、読み間違えないように注意しましょう。ここにある表現の他、offer valid on purchases over $100「100ドルを超える購入にのみ有効」といった表現がよく見られます。
- by April 30は「4月30日までに」の意味。before April 30なら「4月30日より前に」を表し、4月30日は含まれません。

⑭

All of the pictures taken 撮影した写真はすべて
will be downloadable within minutes 数分以内にダウンロードすることができます
after your session. セッションの後

語句

☐ **downloadable**　ダウンロードすることができる

読解のポイント

- -able / -ible をつけると「～できる」という意味になります。downloadable「ダウンロードできる」、readable「読める」、accessible「アクセスできる」, edible「食べることができる」といった接尾辞の使い方をヒントにして初見の単語も意味が推測できるようになると、読解スピードが上がります。(→ p. 123)

⑮

You may choose to get your favorite pictures printed
お気に入りの写真をプリントすることが可能です
for a small fee.　少額の料金で

語句

☐ **choose to *do***　～することを選ぶ　　☐ **for a small fee**　少額の料金で

読解のポイント

- get 物 printed は「～を印刷してもらう」という意味です。
- この文は You can get your favorite pictures printed とも言えますが、choose to get your pictures printed とすることで、「お客様に選択してもらう」ということが強調されます。つまり、押し売りはせず、お客様に判断していただきたいという書き手の意思を感じ取ることができます。

⑯

Pictures are printed in the studio　スタジオで写真をプリント
the same day!　その日のうちに

読解のポイント

- この文には感嘆符（ビックリマーク）がついていることから、「当日中にプリント」がウリであると推測することができます。

⑰

You'll get your beautiful photos 美しい写真を手に入れることができます

within an hour. 1時間以内に

読解のポイント

- 前文に続き、当日どころか「1時間以内に」受け取ることができることを説明しています。プリントの速さを2文で強調することによって、Pictures are printed in the studio within an hour. よりもインパクトがある広告文になっています。

⑱

We also have some coupons for you
いくつかのクーポンもあります

to enjoy some free coffee 無料のコーヒーを楽しむための

in a nearby café 近くのカフェで

while you wait. あなたが待っている間

語句

□ **nearby** 近くの

読解のポイント

- ここで使われている接続詞のwhileは「～する間」という意味。whileは他に、「～である一方で」という対比を表す使い方もあります。どちらの意味なのかすぐに理解できるようにしましょう。後者のwhileは例えば、While we do our best to print your pictures in 30 minutes, it may take up to an hour.「30分であなたの写真を印刷する努力を最大限にする一方で、最長1時間かかる可能性があります」のように、文の冒頭にあることがほとんどです。

⑲

This advertisement was sent to you この広告はあなたに送信されました

because you asked to receive updates and promotions
あなたが最新情報や宣伝を受け取ることを求めたため

from Picture US. Picture USから

読解のポイント

- この文言は最近、様々なメールで見られます。デジタルマーケティングに関する法律がどんどん増えており、アメリカのCAN-SPAM Act、カナダのCASLやイギリスのPrivacy and Electronic Communications Regulationsといったメルマガ配信などに関する法律が、このような文言を義務づけているためです。

⑳

If you do not wish to receive any more special offers,
今後特別なオファーを受け取りたくない場合には
please click HERE こちらをクリックしてください
to be removed from our list. 当社のリストから削除されるように

読解のポイント

- wish「～を望む」の後ろには動名詞ではなく不定詞が続きます。「～を望む」時点で、目的語の内容は「これから行うこと」だからです。「これから行うこと（未来）」は不定詞で表し、「すでに行ったこと（過去）」は動名詞で表すのが基本です。
- メールマガジンの配信停止情報の記載が義務化されている国が多いので、この文言もメールマーケティングにおける決まり文句です。

㉑

It may take up to 3 days 最大3日かかる場合があります
for your name to be removed あなたの名前が削除されるのに
from our list. リストから

語句

☐ **remove** ～を削除する

読解のポイント

- your name to be removed from our listでは、your nameが「これから削除される」ことを表すため、to be removedという不定詞の受動態が使われています。名詞を後ろから「不定詞の形容詞的用法」が説明しているパターンです。

この英文を読んだ後、どのような行動に移るべきか

この広告を見て、ウェブサイトに掲載するあなたのポートレート写真が売り上げを左右するかもしれないことがわかりましたか。冒頭で、62%の人が写真の印象でサービス提供会社を選んだことがあると述べています。もしあなたが売り上げアップを狙っている立場で、ウェブサイトに写真を掲載しているならば、春の20%キャンペーンを活用して、素敵なポートレート写真を撮ってもらうといいでしょう。

特に古い写真を使っている場合に、新しく写真を撮ることがお勧めだと述べています。第3段落では、今使っている写真がmore than a year or two old「1～2年以上前のもの」であれば撮り直すことを勧めています。つまり、2年ぐらいに1回は写真を更新しておきましょうというメッセージです。

写真撮影を希望する場合はプロモーションコード「SpringFun」を使って4月30日までに撮影予約を取りましょう。撮影当日、もしプリントしたいほど気に入った写真が撮れた場合、金額を確認して納得できたらプリントを依頼しましょう。Picture USからもらえる近隣カフェの無料クーポンを活用して、コーヒーを飲みながら写真がプリントされるのを楽しみに待つといいですね。

もしあなたがこのようなお知らせを不要としている場合は、一番下にあるHEREをクリックしてメール配信停止の手続きを取りましょう。

TIPS

セミコロンはどう使われる？

本書の解説の中で何回か登場しているセミコロン（;）は、ピリオドとカンマの両方の役割を担います。ピリオドの役割のように文をつなぐことができるのに加え、カンマの役割のようにリストを作ることもできます。

◆ピリオドの役割

セミコロンが一番多く使われるのは、関係性の強い２つの情報をつなぐときです。セミコロンはピリオドと同じ場所に入れますが、ピリオドと違って、セミコロンの後の単語は大文字ではなく小文字です。接続副詞と一緒に使うこともでき、特に however と相性が良いのがセミコロンです。（→ p. 138）

◆カンマの役割

セミコロンのもう１つの用法は、３つ以上の長い情報を区切るときにカンマの代わりに使う場合で、これは論文などの長文でよく使われる手法です。E メールでも、情報が多いときに使われるのを見かけます。例えば、以下のような形で使われます。

Managers from the international offices, such as James Kent, Director of Programs, from Australia; Jodie Lee, Director of Customer Relations, from China; David Yamada, Director of International Sales, from the US; and Leah Smith, Director of Talent Development, from Canada, will attend the conference.
世界中のオフィスのマネージャーがカンファレンスに参加します。オーストラリアからは Director of Programs の James Kent、中国からは Director of Customer Relations の Jodie Lee、アメリカからは Director of International Sales の David Yamada、そしてカナダからは Director of Talent Development の Leah Smith が参加します。

上記の文でセミコロンは、以下の４名の情報をつないでいます。
・James Kent (Director of Programs) from Australia
・Jodie Lee (Director of Customer Relations) from China
・David Yamada (Director of International Sales) from the US
・Leah Smith (Director of Talent Development) from Canada

広告2

Track 17

Thinking about CSR Activities? We need your organization's help!

Donate Money

We have many project teams asking for a contribution. All of our projects are listed **HERE**. Click and see if there is a project you would like to support. Donations are accepted in $10 increments.

Donate Food

We happily accept canned and packaged food with an expiration date more than a month ahead. Some businesses and organizations collect food from staff members and donate it to our food bank.

Our meal preparation team accepts vegetables, meat, and fish that are brought to our facility directly; however, prearrangements must be made. Some companies have a regular drop-off scheduled with us because they often have a surplus of ingredients at their cafeteria. Please call us if your company would like to take care of food loss and do a good deed.

Donate Time

Volunteers are the backbone of charitable activities. Corporations can spread the love by allowing their workers to join our volunteer activities during work hours. We have opportunities Mondays through Fridays 9:00–5:00, which tends to fall within the working hours for many employees. We can share with you proof of your employees clocking in and out if necessary.

Companies have seen the benefits of providing volunteer activities for their employees as a way of bringing together their larger work community and increasing communication and rapport. Join us now!

For more information... call us: 555-1234 / email us: info@hyu-volunteer.com

Happiness for Youth Foundation

企業などの組織に向けたCSR活動の提案広告です。広告主はCSR活動としてボランティアなどの支援を募集している団体。3つの支援方法を提示し「あなたの組織もできることをしませんか？」と提案しています。

訳

CSR 活動をお考えですか?
あなたの組織のご協力が必要です!

お金を寄付する

私たちの多くのプロジェクトチームが支援を求めています。私たちのすべてのプロジェクトが**こちら**に掲載されています。クリックして、サポートしたいプロジェクトがあるかどうかを確認してください。寄付は 10 ドル単位で受け付けています。

食料を寄付する

賞味期限が1カ月以上先の缶詰・包装食品を積極的に受け入れます。一部の企業や団体は、スタッフから食料を集めてフードバンクに寄付しています。
私たちの食料準備チームは、私たちの施設に直接運び込まれた野菜、肉、魚を受け入れています。ただし、事前の手配が必要です。社員食堂の余剰食材を定期的に納入するスケジュールが組まれている会社もあります。もし貴社が食品廃棄物に対処し、善い行いをしたいとお考えなら、私たちにお電話ください。

時間を寄付する

ボランティアの皆さんは慈善活動の主力です。企業は従業員が勤務時間中にボランティア活動に参加できるようにすることで、慈善を広めることができます。多くの従業員の勤務時間内にあたる、月曜日から金曜日の9時から5時の間に活動する機会があります。必要に応じて、貴社の従業員の方々の出退勤証明をご提供することもできます。
企業は、従業員にボランティア活動を提供することが、(日々の勤務グループよりも)より大きな職場のコミュニティを団結させ、コミュニケーションと信頼関係を高める手段であると考えています。今すぐご参加ください!

お問い合わせは、お電話：555-1234 / メール：info@hyu-volunteer.com

財団法人 Happiness for Youth

スラッシュリーディング用の英文

①Thinking about CSR Activities?
②We need your organization's help!

③Donate Money

④We have many project teams / asking for a contribution. / ⑤All of our projects are listed **HERE**. / ⑥Click and see / if there is a project / you would like to support. / ⑦Donations are accepted / in $10 increments.

⑧Donate Food

⑨We happily accept canned and packaged food / with an expiration date / more than a month ahead. / ⑩Some businesses and organizations collect food / from staff members / and donate it / to our food bank.

⑪Our meal preparation team accepts vegetables, meat, and fish / that are brought / to our facility directly; / however, prearrangements must be made. / ⑫Some companies have a regular drop-off / scheduled with us / because they often have a surplus / of ingredients / at their cafeteria. / ⑬Please call us / if your company would like to take care of food loss / and do a good deed.

⑭Donate Time

⑮Volunteers are the backbone / of charitable activities. / ⑯Corporations can spread the love / by allowing their workers / to join our volunteer activities / during work hours. / ⑰We have opportunities / Mondays through Fridays 9:00–5:00, / which tends to fall / within the working hours / for many employees. / ⑱We can share with you proof / of your employees / clocking in and out / if necessary.

⑲Companies have seen the benefits / of providing volunteer activities / for their employees / as a way / of bringing together their larger work community / and increasing communication and rapport. / ⑳Join us now!

㉑For more information... / call us: 555-1234 / email us: info@hyu-volunteer.com

Happiness for Youth Foundation

語句・読解のポイント

①

Thinking about CSR Activities?　CSR 活動をお考えですか

語句

□ **CSR**　企業の社会的責任（= corporate social responsibility）

読解のポイント

- 広告特有の、主語と be 動詞が抜けた形の疑問文です。Are you thinking about CSR Activities? が文の原形です。

②

We need your organization's help!　あなたの組織のご協力が必要です

読解のポイント

- ここで company や firm といった単語ではなく、organization という単語が使われていることから、学校法人や非営利団体など、様々な人たちに広告主が語りかけていることがわかります。

③

Donate Money　お金を寄付する

語句

□ **donate**　～を寄付する

読解のポイント

- donate は donate A to B「A を B に寄付する」の形でよく使われます。

④

We have many project teams　私たちには多くのプロジェクトチームがあります

asking for a contribution.　貢献を求めています

語句

□ **ask for**　～を求める　　□ **contribution**　貢献

読解のポイント

- many project teams を asking for a contribution が後ろから説明しています。名詞＋分詞＋ α の語順で、名詞を分詞＋ α が後置修飾しているパターンです。
- contribution は多くの場合、具体的には資金や物資、作業時間のことを指します。

⑤

All of our projects are listed HERE.　私たちのすべてのプロジェクトがこちらに掲載されています

語句

□ **be listed**　掲載されている

読解のポイント

- listed は一覧になっているというニュアンスです。posted「掲示されている」と言い換えることもできます。

⑥

Click and see　クリックして確認してください
if there is a project　プロジェクトがあるかどうかを
you would like to support.　あなたがサポートしたい

読解のポイント

- Click は「リンク先のページを見てください」の意味でよく使われています。

⑦

Donations are accepted　寄付は受け付けています
in $10 increments.　10 ドル単位で

語句

□ **donation**　寄付
□ **in $10 increments**　10ドル単位で

読解のポイント

- in $10 increments は in increments of $10 と表すこともできます。
- この文は We accept donations in $10 increments. と言い表すこともできます。しかし、他の文で we が主語になっているものが多いので、全体的に見ると、ここは主語が we ではないほうがバランスがいいでしょう。

⑧

Donate Food　食料を寄付する

⑨

We happily accept canned and packaged food
私たちは缶詰・包装食品を積極的に受け入れます
with an expiration date　賞味期限が
more than a month ahead.　1カ月以上先の

語句

□ **canned food**　缶詰食品
□ **expiration date**　賞味期限
□ **packaged food**　包装食品
□ **a month ahead**　1カ月先の

読解のポイント

- expiration の動詞形である expire も一緒に覚えておきましょう。ビジネスにおいては「期限が切れる」という意味でよく使われます。例えば免許の期限について、My license is expiring next month.「来月、免許の期限が切れる」のように言います。

⑩

Some businesses and organizations collect food
一部の企業や団体は、食料を集めています
from staff members　スタッフから

and donate it　そしてそれを寄付しています
to our food bank.　私たちのフードバンクに

読解のポイント

- business は「仕事」という意味だけでなく、「企業」や「会社」「店」という意味で使われます。ここでは様々な業種の組織が食料を集めて寄付してくれていると述べられています。
- food bank の類似表現に food drive があります。food bank はどちらかというと企業の食品ロスになりそうなものを集めておく場所ですが、food drive は個人が集まって、みんなで寄付できる食品を集めて慈善団体に寄付するといったことを指します。

⑪

Our meal preparation team accepts vegetables, meat, and fish
私たちの食料準備チームは、野菜、肉、魚を受け入れています
that are brought　持ち込まれた
to our facility directly;　私たちの施設に直接
however, prearrangements must be made.　ただし、事前の手配が必要です

語句

- □ **preparation**　準備
- □ **prearrangement**　事前の手配
- □ **facility**　施設

読解のポイント

- セミコロンは前後の文の関係性が非常に強いときに、ピリオドの代わりに使われます。この文では、前半で生鮮食品を受け入れていることを述べ、however 以降で条件がある旨を伝えているため、この 2 つは非常に関連性が高い情報です。そのため、ここではセミコロンが使われています。

⑫

Some companies have a regular drop-off
定期的に立ち寄ってくださる会社もあります
scheduled with us　私たちと予定を組んでいて

because they often have a surplus しばしば余剰がある
of ingredients 食材が
at their cafeteria. 社員食堂に

語句

☐ **regular** 定期的な
☐ **drop-off** 立ち寄って置いていく
☐ **scheduled with** 予定が組まれている
☐ **surplus** 余っているもの
☐ **ingredient** 食材

読解のポイント

- ここでの drop-off は物を置いていくことを意味していますが、人を置いてくる、つまり「送り届ける」という意味でも使われることがあります。I'll drop off Mr. White at the airport around noon.「White 氏を正午頃に空港に送り届けます」といった使い方ができます。

⑬

Please call us 私たちに電話してください
if your company would like to take care of food loss
もし貴社が食品廃棄物に対処し
and do a good deed. 善い行いをしたいのであれば

語句

☐ **take care of** 〜に対処する
☐ **food loss** 食品廃棄物
☐ **do a good deed** 善い行いをする

読解のポイント

- Do a good deed!「善いことをしましょう」という意味で、特にクリスマス時期になるとキリスト教徒の多い地域ではよく聞きます。日本語の「一日一善」のようなニュアンスです。

⑭

Donate Time 時間を寄付する

⑮

Volunteers are the backbone ボランティアの皆さんは主力です
of charitable activities. 慈善活動の

語句

□ **charitable activity** 慈善活動

読解のポイント

- バックボーンとは「背骨」という直訳になり、物事の中軸をなすものという意味です。この文は「ボランティアの皆さんが慈善活動の中心にいます」や「ボランティアなしには成り立ちません」といった意味です。

⑯

Corporations can spread the love 企業は慈善を広めることができます
by allowing their workers 従業員が〜できるようにすることによって
to join our volunteer activities ボランティア活動に参加する
during work hours. 勤務時間中に

語句

□ **spread** 〜を広める

読解のポイント

- spread the love の直訳は「愛を広める」という直訳ですが、ここでの love は困っている人を助けたいという気持ちのことを指します。

⑰

We have opportunities 私たちには機会があります
Mondays through Fridays 9:00-5:00, 月曜日から金曜日の 9 時から 5 時の間に
which tends to fall それらはあたりがち
within the working hours 勤務時間内に
for many employees. 多くの従業員にとって

語句

☐ **tend to *do*** ～しがちだ ☐ **fall** あたる

読解のポイント

- tends to *do* は「～しがち」や「～する傾向がある」という意味で、すべての人々の勤務時間が必ずしも9時～5時だというわけではないことに配慮した表現になっています。「私たちがボランティア活動の機会を提供している9時～5時は、多くの人々にとっては勤務時間である」といったニュアンスです。

⑱

We can share with you proof 私たちは証拠を共有することができます

of your employees 貴社の従業員が

clocking in and out 出勤および退勤している

if necessary. 必要に応じて

語句

☐ **proof** 証拠 ☐ **clock in and out** 出勤および退勤を記録する

読解のポイント

- share with you proof of your employees clocking in and out とは、従業員たちのボランティア作業の開始時刻と終了時刻を伝えてくれるということです。
- share with 人＋物は share 物 with 人の語順にすることも可能です。例えば share with you your employees' volunteer log「従業員のボランティア活動ログをあなたと共有する」は、share your employees' volunteer log with you とも言えます。

⑲

Companies have seen the benefits 企業は利点を見てきました

of providing volunteer activities ボランティア活動を提供することの

for their employees 従業員に

as a way 方法として

of bringing together their larger work community

（日々の勤務グループよりも）より大きな職場のコミュニティをまとめ

and increasing communication and rapport.

そしてコミュニケーションと信頼関係を高める

語句

□ **bring together** ～をまとめる　□ **rapport** 信頼関係

読解のポイント

- ここでは前置詞の of が 2 回登場しましたが、いずれも「補足」の意味で使われています。the benefits of providing volunteer activities は、the benefits「利点」→ of（何の利点のことを述べているのかというと）→ providing volunteer activities「ボランティア活動を提供すること」のように意味を理解しましょう。a way of bringing together their larger work community のほうは、「もっと大きな従業員たちのグループをまとめる方法」という意味だと理解できます。
- 日本語で「コミュニティ」というと地域社会といった意味が強いですが、英語の community は所属するグループという意味です。そのため、この文のコミュニティは所属企業や所属組織のことを指しています。「所属している人たちをいつもよりも広域に集めて、（普段は連絡を取り合うことのないようなメンバー間の）コミュニケーションと信頼関係を高める」ことにボランティア活動が役立つと説明しています。

⑳

Join us now! 今すぐご参加ください

㉑

For more information... 詳細については…

call us: 555-1234 お電話ください：555-1234

email us: info@hyu-volunteer.com

E メールをお送りください：info@hyu-volunteer.com

読解のポイント

- ここでは call us と email us の命令文で、連絡をしてもらうことを求めています。なお、日本語では E メールのことを「メール」と言いますが、英語で mail と言うと「郵送物」を指しますので、混同しないように注意が必要です。

この英文を読んだ後、どのような行動に移るべきか

あなたが企業のCSR担当者だった場合、この団体の支援をする機会やメリットをどのように理解しましたか。企業としての支援方法が3つあることが各段落のサブタイトルからわかります。

1. 金銭的な支援
2. 食品の寄付
3. 従業員にボランティアをさせる人的支援

金銭的な支援が適していると考える場合は、支援できるプロジェクト一覧を確認し、どのプロジェクトにいくら寄付すべきかを考えるといいでしょう。各プロジェクトへの寄付は10ドル単位と指定されていますので、そのことを考慮したうえで寄付額を決めましょう。

食べ物を寄付する場合は、2つの方法があると述べられています。1つは缶詰・包装食品を寄付すること。こちらは常時受け入れており、1カ月以上の賞味期限がある食料を取りまとめて寄付している団体もあることが述べられていますので、このような取り組みが社内で可能かを検討しましょう。また、生鮮食品については、事前の手配に合意したうえで持ち込みが可能と書いてあるので、社食の材料の残りなどを定期的に持ち込むことで支援できるかを検討するとよいでしょう。

人材派遣のような形で従業員たちのボランティア活動への参加が可能かも検討しましょう。作業の開始と終了の時刻を伝えてもらえると述べられていますので、ボランティアをした日を出勤扱いにする制度を作ることができれば人的な支援も可能となるのではないでしょうか。企業にとってのメリットとして、普段話をすることがない人たちが一緒に作業に関わることで社内のコミュニケーションが活性化されるという記述があります。このようなメリットを伝えたうえで、各部門に従業員のボランティア活動を認めてもらえないか、社内調整に取り組みましょう。

広告3

track 18

We're Waiting to See You!

It's undeniable that the pandemic has changed how we do business. We, too, now have a whole new standard in order to give peace of mind to our guests. When you're ready to travel, our hotel associates are waiting to welcome you.

A Safe, Healthy, and Comfortable Stay

We are leveraging our partnership with Gloria Cleaning Service to clean, disinfect and protect our properties 24/7. All hard surfaces including tables and chairs in common areas, along with high-touch surfaces such as buttons and button panels in the elevators, are cleaned and disinfected every half hour. All high-touch surfaces including computers and credit card readers are cleaned and disinfected after each use. You will also see shields installed at all counters and the front desk. As always, all rooms are cleaned and inspected by the hotel manager as part of our 12-point room cleaning process. Guests tell us when and how the room should be cleaned for their maximum comfort.

Commitment to Flexibility

If you have to travel for business, the last thing you want is uncertainty about where to stay. That's why we're one of the few major hotel brands in the nation that has decided to provide full flexibility during these difficult times. We will ask you to provide a one-day deposit when you book directly with us. If you need to cancel your reservation, call us by 9 A.M. on the first day of your reservation; you will get a full refund. Guests who cancel after 9 A.M. or fail to show will forfeit their nonrefundable deposit.

If you have any questions or concerns about our current policies, contact any of our 500+ locations! All members of our hotel staff are looking forward to serving you!

Bellview Hotels

ホテルの広告です。パンデミック後に新たな取り組みを始めたことを述べ、ぜひ宿泊してもらいたいと宣伝しています。

訳

お会いできるのをお待ちしております!

パンデミックが私たちのビジネスのやり方を変えてしまったことは否定できません。私たちもお客様に安心をお届けするために、まったく新しい基準を設けました。ご旅行の準備ができましたら、当ホテルの従業員一同がお客様をお待ちしております。

安全で健康的で快適な滞在

Gloria Cleaning Service とのパートナーシップを利用して、私たちは 24 時間年中無休で建物の清掃、消毒、保護を行っています。共用エリアのテーブルや椅子などの硬い表面と、エレベーターのボタンやパネル画面などの接触の多い表面は、30 分ごとに清掃され、消毒されています。パソコンやクレジットカードリーダーなど、接触の多い表面は、使用するたびに掃除・消毒されています。また、すべてのカウンターとフロントデスクに仕切りを設置しています。通常どおり、12 個ある部屋の清掃プロセスの一環として、すべての部屋は清掃され、ホテルのマネージャーによって点検されています。快適さを最大限に高めるために、いつ、どのように部屋を掃除する必要があるかはお客様よりリクエストいただけます。

柔軟な対応のお約束

あなたが仕事で出張をしなければならないのなら、泊まる場所が不確実であることは最も望まない状況でしょう。だからこそ、私たちはこのような困難な時期に完全な柔軟性を提供することを決定した、国内でも数少ない主要なホテルブランドの 1 つなのです。直接ご予約の際は、1 日分のデポジットをお願いいたします。ご予約をキャンセルする必要がある場合は、ご予約の日程の初日の午前 9 時までにお電話ください。その場合は全額返金されます。午前 9 時以降にキャンセルの場合、もしくはお越しにならない場合には、デポジットはお返しできません。

私たちの最新の方針についてご質問やご心配な点がありましたら、500 以上ある店舗のいずれかにご連絡ください。ホテルスタッフ一同、心よりお待ちしております!

ベルビューホテル

①We're Waiting / to See You!

②It's undeniable / that the pandemic has changed / how we do business. / ③We, too, now have a whole new standard / in order to give peace of mind / to our guests. / ④When you're ready to travel, / our hotel associates are waiting / to welcome you.

⑤A Safe, Healthy, and Comfortable Stay

⑥We are leveraging our partnership / with Gloria Cleaning Service / to clean, disinfect and protect our properties 24/7. / ⑦All hard surfaces / including tables and chairs / in common areas, / along with high-touch surfaces / such as buttons and button panels / in the elevators, / are cleaned and disinfected / every half hour. / ⑧All high-touch surfaces / including computers and credit card readers / are cleaned and disinfected / after each use. / ⑨You will also see shields / installed at all counters and the front desk. / ⑩As always, / all rooms are cleaned / and inspected / by the hotel manager / as part of our 12-point room cleaning process. / ⑪Guests tell us / when and how the room should be cleaned / for their maximum comfort.

⑫Commitment to Flexibility

⑬If you have to travel for business, / the last thing you want / is uncertainty / about where to stay. / ⑭That's why / we're one of the few major hotel brands / in the nation / that has decided to provide full flexibility / during these difficult times. / ⑮We will ask you / to provide a one-day deposit / when you book directly / with us. / ⑯If you need to cancel your reservation, / call us / by 9 A.M. / on the first day of your reservation; / you will get a full refund. / ⑰Guests / who cancel after 9 A.M. / or fail to show / will forfeit their nonrefundable deposit.

⑱If you have any questions or concerns / about our current policies, / contact any of our 500+ locations! / ⑲All members / of our hotel staff / are looking forward to serving you!

⑳Bellview Hotels

語句・読解のポイント

①

We're Waiting お待ちしております

to See You! お会いできるのを

語句

☐ **wait to *do*** 〜するのを待つ

読解のポイント

- wait for +(代)名詞「〜を待つ」も wait to +動詞と似た意味で使えます。この文では、We're waiting for you! と言い換えられます。

②

It's undeniable 否定することができません

that the pandemic has changed パンデミックが変えてしまったことを

how we do business. 私たちのビジネスのやり方を

語句

☐ **undeniable** 否定することができない ☐ **pandemic** 病気の世界的な流行

読解のポイント

- undeniable の対義語は deniable「否定できる」です。そして動詞は deny で「否定する」。
- how we do business は has changed の目的語となる名詞節です。

③

We, too, now have a whole new standard

私たちも今やまったく新しい基準を設けました

in order to give peace of mind 安心をお届けするために

to our guests. お客様に

語句

□ **whole**　まったく　□ **peace of mind**　安心

読解のポイント

- We, too「私たちも」や a whole new「まったく新しい」という表現があることで、パンデミック下で世界の人々があらゆる変化に対応しなくてはならなかったことが示唆されています。このように、詳細な説明を加えている形容詞や副詞にも注意しましょう。
- in order to *do* は so as to *do* に言い換えることができます。

④

When you're ready to travel,　旅行の準備ができましたら
our hotel associates are waiting　当ホテルのアソシエイトたちがお待ちしております
to welcome you.　お客様を歓迎するために

語句

□ **be ready to *do***　～する準備ができている　□ **welcome**　～を歓迎する
□ **associate**　アソシエイト、同僚

読解のポイント

- When you're ready to travel とあるので、押しつけがましくない「あなたのご都合の良いときに待っています」というニュアンスになります。
- 役職を指すときに形容詞として使われる associate は、「準」や「副」といった意味を持ちます。Associate Director と言えば、副事業部長のような位置づけで、Director の 1 つ下の役職です。一方、単体の Associate の場合は「一般職員」を表します。この文の hotel associates は「ホテルの一般従業員」、つまり「ホテルの従業員みんな」といった意味です。hotel staff と同義表現と考えて問題ありません。

⑤

A Safe, Healthy, and Comfortable Stay　安全で健康的で快適な滞在

⑥

We are leveraging our partnership 私たちはパートナーシップを利用しています

with Gloria Cleaning Service Gloria Cleaning Service との

to clean, disinfect and protect our properties 24/7.

24 時間年中無休で建物の清掃、消毒、保護を行っています

語句

- □ **leverage** ～を利用する
- □ **property** 建物
- □ **disinfect** ～を消毒する
- □ **24/7** 24 時間ずっと

読解のポイント

- leverage は日本語でも「レバレッジを利かせる」や「レバレッジをかける」のように使われるようになりました。もともとは、てこの原理のように小さな力で大きく物事を動かすことを意味します。何かを利用したり最大限に活用したりすることを表します。
- to clean, disinfect and protect は、to clean, to disinfect and to protect から 2 つの to を省略した並列表記です。
- 24/7 は twenty-four seven と読み、年中無休という意味です。

⑦

All hard surfaces すべての硬い表面

including tables and chairs テーブルや椅子を含む

in common areas, 共用エリアの

along with high-touch surfaces 接触の多い表面と一緒に

such as buttons and button panels ボタンやパネル画面のような

in the elevators, エレベーターの中にある

are cleaned and disinfected 清掃され、消毒されています

every half hour. 30 分ごとに

語句

- □ **common area** 共用エリア
- □ **high-touch** 接触の多い
- □ **along with** ～と一緒に

読解のポイント

- この文は All hard surfaces が high-touch surfaces と一緒に清掃され消毒されるという内容です。including tables and chairs in common areas は All hard surfaces を後ろから説明し、such as buttons and button panels in the elevators は high-touch surfaces を後ろから説明しています。
- 前置詞の including は、対義語の excluding「～を除いて」とセットで押さえておきましょう。

⑧

All high-touch surfaces　すべての接触の多い表面は

including computers and credit card readers

パソコンやクレジットカードリーダーを含む

are cleaned and disinfected　掃除・消毒されています

after each use.　使用するたびに

読解のポイント

- after each use は「各使用後」、つまり「使用するたびに」という意味を表します。

⑨

You will also see shields　また、あなたは仕切りを見つけるでしょう

installed at all counters and the front desk.

すべてのカウンターとフロントデスクに設置されている

語句

☐ **shield**　仕切り、ついたて、シールド　　☐ **install**　～を設置する

読解のポイント

- shields installed at all counters and the front desk のような名詞＋分詞＋ α の語順は、かなり頻繁に英文で見られます。
- この前の文までは We の観点から書かれた「私たちはこうしています」という文構造になっていますが、この文では you「あなた」がどんな体験をするのかという視点で書かれています。ビジネス文書はメリハリをつけるために、このように主語

を変えて「私たちはこうしています」「あなたはこんな体験をします」といった書き方がうまく織り交ぜられていることが多いです。

⑩

As always, 通常どおり

all rooms are cleaned すべての部屋は清掃されています

and inspected そして検査されています

by the hotel manager ホテルのマネージャーによって

as part of our 12-point room cleaning process.

12 個ある部屋の清掃プロセスの一環として

語句

☐ **as always** いつもながら　　☐ **inspect** 〜を点検する

読解のポイント

- 12-point は「12 のチェックポイントの」という意味を表します。この 12 のチェックポイントの中に「ホテルマネージャーが清掃の最終点検を行う」といった項目があることがわかります。また、as part of our 12-point room cleaning process は後ろから all rooms are cleaned and inspected を説明しているので、清掃方法についてもこの 12 のポイントで網羅されていることがわかります。

⑪

Guests tell us お客様が指示します

when and how the room should be cleaned

いつ、どのように部屋を掃除する必要があるかを

for their maximum comfort. 快適さを最大限に高めるために

語句

☐ **maximum** 最大限の　　☐ **comfort** 快適さ

読解のポイント

- tell A B は「A に B を伝える」という意味で、ここでは A にあたるのが us、B に

あたるのが when 〜 comfort になります。tell は「伝える」と訳されますが、この文の意味することは単に「伝える」ということではなく「指示する」を意味します。このように時と場合により、tell A B は「A に B するように指示する」というニュアンスとなりますので、文脈から判断しましょう。この宿泊施設は顧客の要望に対応する姿勢を示しているため、「お客様が清掃してほしいタイミングやどこまで清掃するかを判断し、その要望に基づいて希望どおりの清掃を行う」ということを表している文です。

⑫

Commitment to Flexibility　柔軟な対応のお約束

語句

☐ **flexibility**　柔軟性

読解のポイント

● commitment は「決意」や「約束」の意味です（→ p. 74）。commitment to + 名詞とすることで「〜に関する約束」といったニュアンスになります。つまりこのタイトルは、「柔軟に対応することを約束します」という意味です。

⑬

If you have to travel for business,　あなたが仕事で出張をしなければならないのなら
the last thing you want　あなたが最も望まないことは
is uncertainty　不確実であることです
about where to stay.　どこに泊まればよいのかということについて

語句

☐ **the last thing you want**　あなたが最も望まないこと
☐ **uncertainty**　不確実であること

読解のポイント

● the last thing (that) you want は「あなたが望む最後のこと」、つまり「あなたが最も望まないこと」という意味になります。この文はつまり、「どこに泊まればよいのか決まっていない状態は困りますよね」ということです。また、「どこに泊ま

ればいいのか不確実である」というのは、予定が定かでないこと、ぎりぎりまで予定が読めないことを指します。この文から、これは忙しいビジネスパーソンに向けた広告であることがわかります。

⑭

That's why　だからこそ

we're one of the few major hotel brands

私たちは数少ない主要なホテルブランドの１つなのです

in the nation　国内の

that has decided to provide full flexibility　完全な柔軟性を提供することを決定した

during these difficult times.　このような困難な時期に

語句

☐ **that's why**　だから～なのだ　　☐ **few**　ほとんどない

読解のポイント

- that's why は「先に述べられている理由」に対してこれから結論や主張を述べる際に使う表現で、後ろには節が続きます。
- この文の「国内で数少ない柔軟性を提供しているホテルブランドである」というメッセージから、この後に述べられる利用規約はかなり画期的なものであることが示唆されています。

⑮

We will ask you　私たちはあなたにお願いいたします

to provide a one-day deposit　１日分のデポジットをお預けいただくことを

when you book directly　直接ご予約の際は

with us.　私たちのホテルを

語句

☐ **deposit**　デポジット、預け金

読解のポイント

- ここからは「柔軟性の約束」に関連する制度の詳細が書かれています。

⑯

If you need to cancel your reservation, ご予約をキャンセルする必要がある場合は
call us お電話ください
by 9 A.M. 午前９時までに
on the first day of your reservation; 予約した日程の初日の
you will get a full refund. あなたは全額返金されます

語句

☐ **reservation** 予約　☐ **full refund** 全額返金

読解のポイント

- by は「～までに」という「締め切り」を表し、until は「～までずっと」という「継続」を表します。
- このようにセミコロンを使うと、文と文の関連性を言わずつなげることができるので、すっきりした文を書くことができます。セミコロンの代わりにピリオドを打ち、in that case で文と文をつなげて Call us by 9 A.M. on the first day of your reservation. In that case, you will get a full refund. とすることもできます。

⑰

Guests お客様
who cancel after 9 A.M. 午前９時以降にキャンセルの方
or fail to show もしくはお越しにならない方
will forfeit their nonrefundable deposit.
返金不可となっているデポジットは没収させていただきます

語句

☐ **fail to *do*** ～しそこなう　☐ **nonrefundable** 返金不可となっている
☐ **forfeit** ～を没収される

読解のポイント

- will forfeit their nonrefundable deposit は直訳すると「返金不可となっているデポジットが没収される」ですが、「規定により返金不可となっているデポジットの払い戻しを受けられないことに同意する」という意味です。前の文の内容から、デ

ポジットが「返金不可」となるのは宿泊初日の午前9時以降だとわかります。こういった条件は注意して読むようにしましょう。

⑱

If you have any questions or concerns ご質問やご心配な点がありましたら
about our current policies, 私たちの最新の方針について
contact any of our 500+ locations! 500以上ある店舗のいずれかにご連絡ください

語句

- ☐ **concern** 心配な点
- ☐ **current** 最新の
- ☐ **policy** 方針
- ☐ **location** 店舗

読解のポイント

- If you have any questions or concerns「ご質問やご心配な点がありましたら」は頻出表現。日本語の「いつもお世話になっております」を一文字一句丁寧に読まないのと同様に、目に入ってきたらしっかり読まなくても把握できるようにしておきたい表現です。

⑲

All members 全員
of our hotel staff 私たちホテルスタッフ
are looking forward to serving you! お客様を心よりお待ちしております！

語句

- ☐ **look forward to *doing*** ～することを楽しみに待つ
- ☐ **serve** ～に仕える

読解のポイント

- look forward to *doing* は to の後ろに動詞の *doing* 形が続きます。このように、to の後ろに動詞の *doing* 形が続くものとして、他に be dedicated to *doing*、be devoted to *doing*、そして be committed to *doing* などがあります。いずれも「～に専念する」「～を約束する」という意味で、お客様にどのようなサービス提供をしようと決意しているかを伝えるときによく使われる表現です。

⑳

Bellview Hotels ベルビューホテル

この英文を読んだ後、どのような行動に移るべきか

あなたが今後、出張の際にBellview Hotelsに宿泊したい場合、認識しておくべきことは何でしょうか。

予約について、以下の方針で運営されていることがわかります。

・直接予約を取る場合は、1日分の宿泊費をデポジットとして支払う

・初日の朝9時までにキャンセルした場合は、全額デポジットが戻るが、9時を過ぎると返金はない

宿泊の際は、部屋の清掃方法や時間を利用者が決めることができます。共用エリアのよく人が触る場所については30分に一度は清掃されており、パソコンやクレジットカードリーダーはその都度消毒されています。また、カウンターやフロントには仕切りが設置されていることも述べられています。

質問がある場合は、500以上ある宿泊施設のいずれかに直接連絡するように求められていますので、宿泊を希望する施設に連絡しましょう。

TIPS

リーディング練習→スピーキング・リスニング練習へとつなげましょう

本書はリーディングの技術を身につけるための書籍ですが、音声もご用意しています。リーディング力もリスニング力もスピーキング力も、すべて身につけることがグローバル人材にとって大切だからです。
単語や表現が目で見てわかるだけでは、実際のビジネス場面で、例えば会議や会話で使いこなすことができません。ぜひ音声をフル活用して英語力向上にお役立てください。

すべての表現を使いこなせるようになるためには、「表現を覚える」「何度も口に出して口の筋肉に覚えさせて流暢に言えるようになる」ことを意識しましょう。

◆おすすめの練習法

まずは覚えたい文やパッセージを音読してみて、自信がない表現に印をつけておきましょう。苦手意識のあるパッセージは1文ずつ、知っている表現が多いパッセージはある程度まとまった段落や数文の単位で音読すると力がつきます。自分のペースで音読して、つっかかるところを洗い出してください。

次に音声をよく聞きます。音声を聞いたら止めて、1文ずつまねて声に出しましょう。最初は音が速くてうまくいかないかもしれませんが、流暢に言えるようになるまで繰り返しましょう。何度も1文を聞いて、止めて、同じように言う作業を繰り返すときれいに言えるようになります。

この練習法で文をスラスラ言えるようになったら、スマートフォンやボイスレコーダーで自分の声を録音することをお勧めします。録音したら、お手本の音声の収録分数・秒数と比較して、大きな差異がないか確認しましょう。もちろんお手本と自分の声の発音がどう違うかにも意識を向けてください。できるだけスムーズに言えるように練習しておくと、実生活で同じような表現に出会ったときにすぐに理解できます。

リーディングは自分のペースでゆっくり行うことができますが、リスニングは瞬時に行わないといけないもの。リーディング力のその先にあるリスニング力をつけるためにも、ぜひこの書籍をフル活用してください。

広告4

Track 19

Become a Finance Expert!

Do you know what the numbers really mean? If you're not a "numbers person," this course is perfect for you. Take a certification course to learn to work with numbers so you succeed in business. Improve your financial literacy by learning key financial topics with our popular online certification course, "Financial Intelligence."

Financial Intelligence Certification Course

Admissions: Rolling admission
Term: Starts on the first day of each month
Average workload: 60 hours / per course
Completion requirement: Pass 16 courses
Cost: $6,000.00
Average time until graduation: 1.5 years

Choose from over 60 courses based on your interest! Some of our most popular courses include: corporate finance, pricing models, financial techniques, and M&A. The complete course offerings can be found HERE.

Learn what you've always wanted to know, all online! Students are studying from all over the world, mostly part-time! The majority of instructors use an e-textbook, so don't worry about purchasing expensive textbooks! For more information about other expenses, check our online brochure.

Financial Intelligenceコースを提供しているオンラインスクールの広告です。どのような人に向いたコースなのか、またどのような条件でコースを修了できるのかが記載されています。

訳

金融の専門家になろう!

数字が本当は何を意味するのか理解していますか？　あなたが「数字に強い人」ではないなら、このコースはあなたにぴったりです。ビジネスで成功するために、数字の扱い方を学ぶ資格取得コースをぜひ受講してください。人気のオンライン資格取得コース「Financial Intelligence」で、金融に関する主要なトピックを学び、金融リテラシーを向上させましょう。

Financial Intelligence 資格取得コース

入学方式：締め切り日のない出願方式
期間：毎月 1 日から
平均受講時間：60 時間 / コースあたり
修了要件：16 コースに合格
費用：6,000 ドル
卒業までの平均期間：1.5 年

60 以上のコースの中から興味のあるものを選択してください！　最も人気のあるコースには、企業財務、価格設定方法、財務手法、M&A などがあります。すべてのコースの一覧はこちらです。

知りたいと思っていたことを何もかもオンラインで学びましょう！　受講生の方々は世界中から、ほとんどが働きながら勉強しています！　インストラクターの大多数は電子教科書を使用しているので、高価な教科書を購入する心配はありません。その他の費用の詳細については、オンラインパンフレットを確認してください。

スラッシュリーディング用の英文

①Become a Finance Expert!

②Do you know / what the numbers really mean? / ③If you're not a "numbers person," / this course is perfect for you. / ④Take a certification course / to learn to work with numbers / so you succeed in business. / ⑤Improve your financial literacy / by learning key financial topics / with our popular online certification course, / "Financial Intelligence."

⑥Financial Intelligence Certification Course

⑦Admissions: / Rolling admission
⑧Term: / Starts on the first day / of each month
⑨Average workload: / 60 hours / per course
⑩Completion requirement: / Pass 16 courses
⑪Cost: / $6,000.00
⑫Average time until graduation: / 1.5 years

⑬Choose from over 60 courses / based on your interest! / ⑭Some of our most popular courses include: / corporate finance, / pricing models, / financial techniques, / and M&A. / ⑮The complete course offerings can be found HERE.

⑯Learn / what you've always wanted to know, / all online! / ⑰Students are studying / from all over the world, / mostly part-time! / ⑱The majority of instructors use an e-textbook, / so don't worry about purchasing expensive textbooks! / ⑲For more information / about other expenses, / check our online brochure.

語句・読解のポイント

①

Become a Finance Expert!　金融の専門家になろう！

語句

☐ **finance**　金融、財務　　☐ **expert**　専門家

読解のポイント

- ここでは finance を「金融」と直訳していますが、文を読み進めると様々なコースが提供されていることから、「お金に強くなろう」といったニュアンスであることと考えられます。

②

Do you know　あなたは理解していますか
what the numbers really mean?　数字が本当は何を意味するのかを

読解のポイント

- numbers とは何を指しているのかを推測する必要があります。タイトルを見れば、金融や財務の話であることがわかりますので、お金に関する数字であると考えられます。

③

If you're not a "numbers person,"　あなたが「数字に強い人」ではないなら
this course is perfect for you.　このコースはあなたにぴったりです

語句

☐ **numbers person**　数字に強い人　　☐ **be perfect for**　～にぴったりだ

読解のポイント

- ～ person というのは「～が得意な人」「～が好きな人」という意味。I'm a dog person. と言えば犬好き、I'm a people person. ならコミュニケーション力があり、

対人関係を良好に築くのが得意という意味です。転職面談などで I'm a people person. と自己 PR する人もいます。

④

Take a certification course　資格取得コースを受講してください
to learn to work with numbers　数字の扱い方を学ぶための
so you succeed in business.　ビジネスで成功するために

語句

□ **certification**　証明書　　□ **work with**　～を扱う仕事をする

読解のポイント

- so の後ろには接続詞の that が省略されています。なお、so that「～のために」の意味の so の前にはカンマは不要ですが、「だから」を意味する接続詞の so の前にはカンマが必要です。ビジネス文書を書く際には注意しましょう。
例：I'm taking this course so (that) I can become a CPA.「公認会計士になるためにこのコースを受講しています」
I passed the CPA exam, so I can work as a CPA now.「CPA 試験に合格したので、これからは CPA として勤務できます」

⑤

Improve your financial literacy　金融リテラシーを向上させましょう
by learning key financial topics　金融に関する主要なトピックを学ぶことによって
with our popular online certification course,　人気のオンライン資格取得コースの
"Financial Intelligence."　「Financial Intelligence」で

語句

□ **key**　主要な　　□ **intelligence**　知性

読解のポイント

- コース名の Financial Intelligence は「お金に関する知性」といった意味です。

⑥

Financial Intelligence Certification Course　Financial Intelligence 資格取得コース

⑦

Admissions:　入学：

Rolling admission　締め切り日のない出願方式

語句

☐ **admission**　入学

☐ **rolling admission**　常に入学可能

読解のポイント

- rolling admission は、直訳すると「(比較的短期間に) 定期的に訪れる入学」となります。つまり「入学できるタイミングは随時存在する」ということを表します。毎日新入生を受け入れているわけではなくても、通常より柔軟に対応している場合は rolling admission と表記することがあります。例えば大学などでは、学期ごとに入学できる場合なども rolling admission と言います。

⑧

Term:　期間：

Starts on the first day　1日から

of each month　毎月

語句

☐ **term**　期間

☐ **each month**　毎月

読解のポイント

- コロンの後ろは Starts という三人称単数現在形の動詞から始まっていますが、これは主語であるはずの Financial Intelligence Certification Course が省略されていると考えましょう。The course starts on the first day of each month. の文の内容が簡潔に書かれています。

⑨

Average workload:　平均受講時間：

60 hours　60 時間
per course　コースあたり

語句

☐ **workload**　仕事量

読解のポイント

- workload は「仕事量」という意味ですが、ここでは「講義を受けることに関わる労力」のことを表しています。つまり、授業時間数や宿題、またレポートを書く時間などが含まれます。

⑩
Completion requirement:　修了要件：
Pass 16 courses　16 コースに合格

語句

☐ **completion**　完成　　☐ **pass**　～に合格する

読解のポイント

- completion requirement は修了要件という意味の名詞句です。同じ情報を文にする場合は、Students are required to pass 16 courses to complete the program.「受講生たちはプログラムを修了するために16コースに合格する必要があります」となります。

⑪
Cost:　費用：
$6,000.00　6,000 ドル

語句

☐ **cost**　費用

読解のポイント

- 「学費」は tuition と言いますが、ここでは総合的な費用を述べているので、tuition

ではなく cost です。また、自分のペースで学ぶようなコースで、人によって毎月払う金額が異なるような場合、tuition という単語はあまり使われないようです。全員がフルタイムで通学するような大学や、私立の小中高等学校では tuition が一般的です。

⑫

Average time until graduation: 卒業までの平均期間：

1.5 years 1.5 年

読解のポイント

- この情報を文に書き換えると The average time until graduation is 1.5 years.「卒業までの平均時間は 1.5 年です」となります。

⑬

Choose from over 60 courses 60 以上のコースの中から選択してください

based on your interest! あなたの興味をもとにして

語句

□ **based on** ～に基づく

読解のポイント

- 広告でよく見かける、命令文を使った勧誘表現です。

⑭

Some of our most popular courses include: 最も人気のあるコースを含みます

corporate finance, 企業財務

pricing models, 価格設定方法

financial techniques, 財務手法

and M&A. そして M&A を

語句

□ **pricing** 価格設定

□ **M&A** （企業などの）合併と買収

読解のポイント

- Some of our most popular courses are ではなく include が使われていることから、ここで列挙されているのはコース名やクラス名ではないことが理解できましたか。各コースやクラスの中で扱われるトピックにこのようなものがあるという意味です。こういった細かい点にも注意を向けて正確に意味を理解しましょう。
- M&A は merger and acquisition「合併と買収」を略したものです。

⑮

The complete course offerings can be found HERE.

完全なコース一覧はこちらにあります

語句

☐ **offering**　提供

読解のポイント

- complete はここでは「完全な」という意味の形容詞ですが、「～を完成させる」という意味の動詞としても非常によく使われます。

⑯

Learn　学びましょう

what you've always wanted to know,　知りたいと思っていたことを

all online!　すべてオンラインで

読解のポイント

- you've always wanted to know は have ＋過去分詞の継続を示す用法。これに always が加わっていることから「継続してずっと知りたいと思っていた」「長らく気になっていた」といった「切望していた」というニュアンスになっています。

⑰

Students are studying　受講生は勉強しています

from all over the world,　世界中から

mostly part-time!　ほとんどが定時制で

語句

☐ **part-time**　定時制で

読解のポイント

- この文はコースの具体的な内容とは異なるので、なくてもこの広告のメッセージは伝わりそうです。しかし具体的にどのような生徒たちが学んでいるのかを伝えることで、読み手にもその一員になるイメージを持ってもらえる効果があります。つまり、これは広告効果を高めることを狙った文です。

⑱

The majority of instructors use an e-textbook,

インストラクターの大多数は電子教科書を使用しているので

so don't worry about purchasing expensive textbooks!

高価な教科書を購入する心配はありません

語句

☐ **majority**　大多数　　☐ **e-textbook**　電子教科書

読解のポイント

- about purchasing expensive textbooks は「前置詞＋他動詞の *doing* 形＋目的語」という語順です。Don't worry about ～ . は、ビジネス文書や広告であらかじめ「購入しない理由」を減らしておくために非常によく使われる表現です。

⑲

For more information　詳細については

about other expenses,　その他の費用の

check our online brochure.　オンラインパンフレットを確認してください

語句

☐ **expense**　費用　　☐ **brochure**　パンフレット

読解のポイント

- 定型表現のFor more information, check ～の構文です。この表現が目に入ったら、other expenses と online brochure などの表現とあわせて、瞬時に「その他の費用の情報はオンラインパンフレットにある」の意味だと理解しましょう。

この英文を読んだ後、どのような行動に移るべきか

あなたがもし金融や会計など、ビジネスで使われる数字に関するコースを受講することに興味がある場合、どのような行動を取りますか。

まずはコース一覧をクリックして、60以上のコース内容を確認し、関心のある内容が掲載されているかを確認しましょう。費用については基本料金が6,000ドルと掲載されていますが、その他の細々とした費用についてはオンラインパンフレットでしっかり確認しましょう。内容に興味があって金額も問題ない場合は、毎月1日に学習を開始することができるので、どの月から学習を開始したいか決めてください。卒業までには16コース修了する必要があるので、1コースあたり60時間ほどの学習時間がかかることを考慮し、どのようなペースで卒業に向けて進めていくか計画を立てましょう。

TIPS

音声のないリーディング素材を使う場合はTTSの活用を

p. 231のTIPSで、リーディング素材は音声を活用してスピーキングとリスニング練習に活用してほしいとお伝えしました。しかし、目にするすべての英文に音声がついているわけではありません。そんなときに活用したいのがText-to-Speech (TTS) テクノロジー。音声読み上げ機能のことです。

TTS技術を活用して、入力したテキストを読み上げてくれるウェブサイトがたくさんあります。音声のないパッセージのテキストを入力し、読み上げ機能を使って発音を確認することができます。例えばReadSpeaker https://www.readspeaker.com/ のようなサイトを活用しましょう。私はこのサイトのUS英語で読み上げる男性の声が気に入っています。

TTSテクノロジーを使って作ったお手本の音声はナチュラルスピードよりもゆっくりです。最低でも音声と同じスピードで読み上げられるようになることを目指してください。できればもっと速くきれいに言えるように練習するといいでしょう。自分の音声を録音して、お手本の音声と聞き比べます。音が違うと自分の耳で気づいたところは、口や喉の開き方、舌の位置を微妙にずらしながら似た音が出せるように何度も練習しましょう。

広告5

Track 20

MONTHLY MEMBER ONLY SAVINGS

Valid: 8/1-8/31

Buy more, save more!

Save 30% when you buy 3 qualifying items.

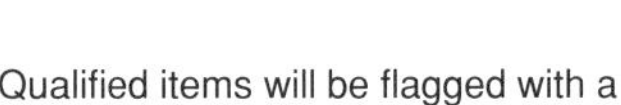
Qualified items will be flagged with a
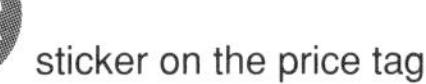

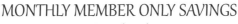

sticker on the price tag.

Go green!

Don't just *think about* being eco-friendly! *Make choices* and be eco-friendly. Join us and go green! Purchase items from our new earth-friendly luxury line and we'll donate $2 to the Joyful Mother Earth Foundation for every product you buy.

*Display selection varies by location. Check our catalog online or at our stores to see the complete offerings. All products are available for delivery straight from our warehouse.

New Printing Services

Our photo lab is starting services for businesses in local communities. From colorful business cards to vibrant party flyers, get all your documents printed at our professional photo lab! Our latest printer can print posters as large as 36" x 48". Services will be available at all locations starting August 20. The Long Beach store and Pebble City store will have a pre-opening period starting August 15. Visit our **website** for details!

For your best! Waldo's

会員限定割引に関する広告です。環境にやさしい商品を扱う店舗が、取扱商品を紹介しています。また、新たに開始する印刷サービスについても告知しています。

訳

月額会員限定割引
有効期間：8/1-8/31

買うほどお得に
対象となる商品を 3 つ購入すると、30%割引になります。
対象となる商品には、値札に SUMMER SPECIAL のステッカーが貼られています。

環境にやさしくなりましょう!
環境にやさしくすることを考えるだけではいけません!　選択を行い、環境に配慮してください。ぜひ私たちと一緒にエコに取り組みましょう！　地球にやさしいラグジュアリーな新ラインナップから商品をお買い上げいただくと、1商品につき2ドルが Joyful Mother Earth 財団に寄付されます。
* 取扱商品は店舗によって異なります。すべての商品を確認するには、オンラインまたは店舗でカタログをご覧ください。すべての商品を倉庫から直接配送することが可能です。

新しい印刷サービス
私たちのフォトラボは、地域社会の企業向けのサービスを開始します。カラフルな名刺から鮮やかなパーティー用のチラシまで、あらゆる書類をプロフェッショナルなフォトラボで印刷してください!　最新のプリンターで、最大 36 × 48 インチの大きさのポスターを印刷することができます。サービスは 8 月 20 日より全店でご利用いただけます。Long Beach 店と Pebble City 店は 8 月 15 日よりプレオープン期間となります。詳しくは弊社**ホームページ**をご覧ください!

あなたに最高のものを!　Waldo's

スラッシュリーディング用の英文

① MONTHLY MEMBER ONLY SAVINGS

② Valid: 8/1–8/31

③ Buy more, / save more!

④ Save 30% / when you buy 3 qualifying items.

⑤ Qualified items will be flagged / with a 

sticker / on the price tag.

⑥ Go green!

⑦ Don't just *think* / *about* being eco-friendly! / ⑧ *Make choices* / and be eco-friendly. / ⑨ Join us / and go green! / ⑩ Purchase items / from our new earth-friendly luxury line / and we'll donate $2 / to the Joyful Mother Earth Foundation / for every product / you buy.

⑪ *Display selection varies / by location. / ⑫ Check our catalog online or at our stores / to see the complete offerings. / ⑬ All products are available / for delivery straight / from our warehouse.

⑭ New Printing Services

⑮ Our photo lab is starting services / for businesses / in local communities. / ⑯ From colorful business cards to vibrant party flyers, / get all your documents printed / at our professional photo lab! / ⑰ Our latest printer can print posters / as large as 36" x 48". / ⑱ Services will be available / at all locations / starting August 20. / ⑲ The Long Beach store and Pebble City store / will have a pre-opening period / starting August 15. / ⑳ Visit our **website** / for details!

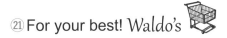

㉑ For your best! Waldo's

語句・読解のポイント

①

MONTHLY MEMBER ONLY SAVINGS　月額会員限定割引

語句

□ **monthly member**　月額会員　　□ **saving**　割引

②

Valid: 8/1-8/31　有効期間：8/1-8/31

③

Buy more,　もっと購入して

save more!　もっと節約しましょう！

語句

□ **save**　節約する

④

Save 30%　30%割引になります

when you buy 3 qualifying items.　対象となる商品を 3 つ購入すると

語句

□ **qualifying item**　対象となる商品

⑤

Qualified items will be flagged　対象となる商品には、印がつけられています

with a SUMMER SPECIAL sticker　SUMMER SPECIAL ステッカーで

on the price tag.　値札に

語句

□ **be flagged with**　～で印がつけられている　　□ **price tag**　値札

読解のポイント

- qualify は自動詞「資格を得る」と他動詞「〜に資格を与える」の使い方があり、「対象となる商品」は qualifying item と qualified item の両方で表現できます。
- flag は、もとの「旗を立てる」という意味から由来し「目立たせるために印をつける」ことを意味します。この文ではステッカーで印をつけると述べており、ステッカーが値札に貼られていることを意味します。

⑥

Go green! 環境にやさしくなりましょう！

語句

☐ **green** 環境にやさしい

読解のポイント

- go green は be eco-friendly と同じ意味です。

⑦

Don't just *think* 考えるだけではいけません
***about* being eco-friendly!** 環境にやさしくすることを！

語句

☐ **eco-friendly** 環境にやさしい

読解のポイント

- friendly「やさしい」は語尾が -ly で終わっていますが、副詞ではなく形容詞です。-ly で終わる単語が副詞か形容詞かを見極めるには -ly を外してください。例えば recently「最近」という副詞は、-ly を取ると recent「最近の」という形容詞になります。語尾の -ly を取った残りが形容詞である場合、その単語は副詞です。friendly から -ly を取ると friend「友人」という名詞が残るので、friendly は形容詞です。

⑧

Make choices 選択を行い

and be eco-friendly. 環境に配慮してください

読解のポイント

- 前の文で「考えるだけではいけない」と強く訴え、この文以降では代わりに行うべきことを述べています。

⑨

Join us 私たちに加わり

and go green! そしてエコに取り組みましょう！

⑩

Purchase items 商品をご購入ください

from our new earth-friendly luxury line

地球にやさしいラグジュアリーな新ラインナップの中から

and we'll donate $2 すると私たちは２ドルを寄付します

to the Joyful Mother Earth Foundation Joyful Mother Earth Foundation（財団）に

for every product すべての商品に対して

you buy. あなたが買う

語句

- □ **luxury** ラグジュアリー、高級な
- □ **line** 取扱商品
- □ **joyful** 楽しい
- □ **foundation** 財団

読解のポイント

- 前の文に Join us and go green とあり、これが「私たちと一緒に取り組みましょう」というメッセージになっています。そして⑩の文では具体的に、we（広告主）のすることと、you（広告を見ている人）のすることが明確になっています。広告を見ている人は地球にやさしくラグジュアリーな新ラインナップから商品を購入することを求められており、広告主は売り上げの中から２ドルを Joyful Mother Earth Foundation へ寄付するという流れだとわかります。

⑪

***Display selection varies** ＊取扱商品は異なります

by location. 店舗によって

語句

☐ **display** 展示、取り扱い　☐ **location** 店舗

☐ **vary** 異なる

読解のポイント

- ここでの display はいわゆる「ディスプレイに出されている」というよりも広義な意味で、店舗での取り扱いがあるという意味を示しています。

⑫

Check our catalog online or at our stores

オンラインまたは店舗でカタログをご確認ください

to see the complete offerings. すべての商品を見るために

語句

☐ **offering** 商品

読解のポイント

- カタログで全商品を見てほしいと述べています。online or at our stores とあるので、カタログの確認ができるのはウェブサイトか、または各店舗です。

⑬

All products are available すべての商品は手に入ります

for delivery straight 直接配送で

from our warehouse. 私たちの倉庫から

語句

☐ **straight** 直接　☐ **warehouse** 倉庫

読解のポイント

- straight from ～は「～直送」を意味する定型表現です。fresh vegetables straight from our farm「私たちの農園から直送の新鮮な野菜」や hassle-free delivery straight from the factory「工場から手間いらずの直送」といった広告で、商品のウリを伝えるときによく使われます。

⑭

New Printing Services 新しい印刷サービス

⑮

Our photo lab is starting services 私たちのフォトラボは、サービスを開始します
for businesses 企業向けの
in local communities. 地域社会の

読解のポイント

- in local communities と複数形になっているのは、いくつかある店舗の近隣の人々をそれぞれ 1 グループと考えているためです。

⑯

From colorful business cards to vibrant party flyers,
カラフルな名刺から鮮やかなパーティー用のチラシまで
get all your documents printed あらゆる書類を印刷してください
at our professional photo lab! プロフェッショナルなフォトラボで！

語句

- ☐ **business card** 名刺
- ☐ **flyer** チラシ
- ☐ **vibrant** 鮮やかな

読解のポイント

- From A to B は「A から B まで」という範囲を示しますが、ここでの用法は A 地点から B 地点といったニュアンスではなく、「何から何まで」といった広域な範囲のサポートができることを伝える用法です。

⑰

Our latest printer can print posters
私たちの最新のプリンターは、ポスターを印刷することができます
as large as 36" x 48". 最大 36 × 48 インチの大きさの

語句

□ **latest** 最新の　□ **as large as** 最大～の大きさの

読解のポイント

- latest は「最新モデル」のプリンターであることを示します。36" x 48" の数字の後ろのマーク（"）は、アメリカの長さの単位であるインチを意味します。1 インチは 2.54cm です。

⑱

Services will be available サービスは利用できます
at all locations 全店で
starting August 20. 8 月 20 日より

読解のポイント

- starting「～より」を from や beginning に置き換えても、同じようにサービス開始時期を示すことができます。

⑲

The Long Beach store and Pebble City store Long Beach 店と Pebble City 店は
will have a pre-opening period プレオープン期間があります
starting August 15. 8 月 15 日より

語句

□ **pre-opening period** プレオープン期間

読解のポイント

- pre-opening の pre は「～より前に」を意味します。反対の意味を持つ接頭辞は post です。日本では複数店舗がある場合、新サービスの提供開始日が異なること

はあまり多くありませんが、海外においては必ずしもすべての店舗が同日にサービスインしない場合、先にスタートする店舗を「プレオープンしている店舗」と位置づけることがあります。つまり、すべての店舗がサービスを開始する日がそのサービスの open「開業」と考えられており、それ以前にスタートする店舗が pre「正式開業より前に」運営しているということです。英文を読む際にはこのような文化的な背景知識が必要となることもありますので、多くの報道動画やニュース記事を読みながら情報を紐解いていきましょう。

⑳

Visit our website 弊社ホームページをご覧ください
for details! 詳しくは！

㉑

For your best! Waldo's あなたに最高のものを！ Waldo's

この英文を読んだ後、どのような行動に移るべきか

あなたが Waldo's の会員であれば、以下のお得な情報を把握したうえで、いま必要なものがないかを考えましょう。

・対象商品を 3 つ以上購入すると 30%割引になります。
・この店舗が取り扱う地球にやさしい商品を購入すると、1 つにつき 2 ドルが Joyful Mother Earth Foundation に寄付されますので、地球にやさしい行いを間接的に行ったことになります。
・チラシやポスターの印刷物を依頼することができるようになります。カラフルな印刷物の依頼があれば、Long Beach 店と Pebble City 店では 8 月 15 日より、他店舗では 8 月 20 日よりサービスが提供されますので、見積もりを取ってサービスを利用するか検討するといいでしょう。

記事1

Track 21

TowerWorld Shareholder Meeting Revelations

July 15 – Based on what we heard at the shareholder meeting yesterday, the performance of TowerWorld has increased by 41%. With the longest roller-coaster in the world, the theme park has attracted frequent visitors, resulting in an increase of guest spending by double digits. On the other hand, the consumer products business did not do so well, leaving some overstock of slow-selling merchandise.

Losses in the consumer products business were offset by the strong performance of TowerWorld's new paid streaming services. TowerWorld President Corey Willard stated that streaming has led to a success story for TowerWorld with 21 million paid streaming subscribers by the end of the quarter. Although introduced only 10 months ago, streaming events in the park and performances in the theaters have led to a huge profit. Park visitors are also purchasing online viewing tickets for "premiere access" to shows they saw live in person at the theaters.

After discussing the company's earnings and financial status, Willard surprised many with his announcement that the park's popular Annual Pass Program will be replaced by a new loyalty program next spring. This change will take place to better accommodate all visitors.

The new plan will require members to visit the park by reservation only. On the other hand, the new membership will offer more discounts and benefits when purchasing tickets for online shows. Perks like free parking, dining discounts, and a designated entry for passholders will continue to be included in new pass offerings.

Willard expressed optimism stating, "The details are still in the works. More information about the delightful new program will be presented to the public on September 1. I am sure that our loyal fans will be excited when we share our full vision."

世界最長のジェットコースターを有するテーマパークの運営会社TowerWorldに関する報道記事です。株主総会で報告された業績報告と業績の要因、そして年間パスを刷新する計画について述べています。

訳

TowerWorld の株主総会で明らかになったこと

7 月 15 日 ── 昨日の株主総会での発表によると、TowerWorld の業績は 41% 増加したとのことです。世界最長のジェットコースターを有するこのテーマパークは常連客を魅了し、その結果、来場者の出費は 2 桁増加しました。一方、消費者向け製品事業は好調には推移せず、売れ行きの悪い商品が過剰在庫となりました。

消費者向け製品事業の損失は、TowerWorld の新しい有料ストリーミングサービスの好業績によって相殺されました。 TowerWorld 社長の Corey Willard は、ストリーミングサービスが TowerWorld の成功につながり、四半期末までに 2,100 万人の有料ストリーミング契約者を獲得したと述べました。わずか 10 カ月前に導入されたばかりですが、テーマパークで開催するイベントや劇場でのパフォーマンスをストリーミング配信したことは大きな利益をもたらしました。テーマパークの劇場でライブを直接観た来場者は、「プレミアアクセス」のオンライン視聴チケットも購入しています。

Willard は会社の収益と財政状態について語った後、テーマパークで人気のある年間パスプログラムが来春に新しいロイヤリティプログラムに置き換えられると発表したことで、多くの人たちを驚かせました。この変更は、すべての来場者をより良い環境で迎え入れるために行われます。

新しいプランでは、メンバーはテーマパークを訪れる際に予約する必要があります。一方、新しいメンバーシップは、オンラインショーのチケットを購入する際には従来より多くの割引や特典を提供します。無料駐車場、食事割引、パスホルダーの指定入場などの特典は引き続き、新しいパスが提供する内容に含まれます。

Willard は楽観的な見方を示し、こう述べています。「詳細はまだ検討中です。楽しい新プログラムの詳細は 9 月 1 日に公開いたします。私たちが完全なビジョンを共有するとき、私たちの忠実なファンの皆さんはきっと興奮するでしょう」。

スラッシュリーディング用の英文

①TowerWorld Shareholder Meeting Revelations

②July 15 – / Based on what we heard / at the shareholder meeting yesterday, / the performance of TowerWorld has increased / by 41%. / ③ With the longest roller-coaster / in the world, / the theme park has attracted frequent visitors, / resulting in an increase / of guest spending / by double digits. / ④On the other hand, / the consumer products business did not do so well, / leaving some overstock / of slow-selling merchandise.

⑤Losses in the consumer products business were offset / by the strong performance / of TowerWorld's new paid streaming services. / ⑥ TowerWorld President Corey Willard stated / that streaming has led to a success story / for TowerWorld / with 21 million paid streaming subscribers / by the end of the quarter. / ⑦Although introduced only 10 months ago, / streaming events in the park and performances in the theaters / have led to a huge profit. / ⑧Park visitors are also purchasing online viewing tickets / for "premiere access" to shows / they saw live in person / at the theaters.

⑨After discussing the company's earnings and financial status, / Willard surprised many / with his announcement / that the park's popular Annual Pass Program will be replaced / by a new loyalty program / next spring. / ⑩This change will take place / to better accommodate all visitors.

⑪The new plan will require members / to visit the park / by reservation only. / ⑫On the other hand, / the new membership / will offer more discounts and benefits / when purchasing tickets / for online shows. / ⑬ Perks like free parking, / dining discounts, / and a designated entry for passholders / will continue to be included / in new pass offerings.

⑭Willard expressed optimism / stating, "The details are still / in the works. / ⑮More information / about the delightful new program / will be presented / to the public / on September 1. / ⑯I am sure / that our loyal fans will be excited / when we share our full vision."

語句・読解のポイント

①

TowerWorld Shareholder Meeting Revelations

TowerWorld の株主総会で明らかになったこと

語句

☐ **revelation**　発覚

読解のポイント

- revelation（名詞）の動詞は reveal「明かす」。そのため、revelation には「隠されていたことが明らかになる」というニュアンスがあります。この記事では、人々を驚かせたニュースがあったと後半に述べられています。タイトルはそのことを指しています。

②

July 15　7 月 15 日

Based on what we heard　私たちが聞いたところによると

at the shareholder meeting yesterday,　昨日の株主総会で

the performance of TowerWorld has increased　TowerWorld の業績は増加した

by 41%.　41%

語句

☐ **performance**　業績

読解のポイント

- what we heard は前にある前置詞 on の目的語となっています。この what は関係代名詞で、「～こと、～もの」という意味です。
- increase by ～ %「～ % 増加する」と decrease by ～ %「～ % 減少する」はセットで覚えておきましょう。また、increase や decrease は名詞としても使われます。increase in number「数字の増加」、decrease in population「人口の減少」のように使われ、ビジネス英語においては頻出の語です。

③

With the longest roller-coaster 最長のジェットコースターを有する
in the world, 世界において
the theme park has attracted frequent visitors, テーマパークは常連客を魅了し
resulting in an increase その結果、増加となった
of guest spending 来場者の出費が
by double digits. 2桁

語句

- ☐ **roller-coaster** ジェットコースター
- ☐ **theme park** テーマパーク
- ☐ **frequent** 頻繁な
- ☐ **spending** 支出
- ☐ **double digit** 2桁

読解のポイント

- どんなテーマパークかを説明するために、関係代名詞を使って The theme park, which has the longest roller-coaster in the world, has attracted frequent visitors. と言うこともできます。しかし With the longest roller-coaster in the world を冒頭に持ってくることで「世界一のジェットコースターを持っている」ことが強調できます。
- an increase by double digits は「2桁の増加」という意味になりますので、10%以上、100%未満の増加を指します。

④

On the other hand, 一方
the consumer products business did not do so well,
消費者向け製品事業は好調には推移せず
leaving some overstock 過剰在庫を残した
of slow-selling merchandise. 売れ行きの悪い商品の

語句

- ☐ **consumer products business** 消費者向け製品事業
- ☐ **overstock** 過剰在庫
- ☐ **slow-selling** 売れ行きが悪い
- ☐ **merchandise** 商品

読解のポイント

- 過剰在庫がたくさんある企業の状態をイメージできましたか。2つ目のカンマ以降の情報はあってもなくても、消費者向け製品事業の業績が悪かったことが伝わりますが、この情報があることで、読み手は事業の状況をより一層鮮明に理解することができます。

⑤

Losses in the consumer products business were offset
消費者向け製品事業の損失は相殺された
by the strong performance 好業績によって
of TowerWorld's new paid streaming services.
TowerWorld の新しい有料ストリーミングサービスの

語句

☐ **loss** 損失　☐ **paid** 有料の
☐ **offset** ～を相殺する

⑥

TowerWorld President Corey Willard stated
TowerWorld の社長である Corey Willard は述べました
that streaming has led to a success story
ストリーミングサービスが成功につながったと
for TowerWorld TowerWorld の
with 21 million paid streaming subscribers
2,100 万人の有料ストリーミング契約者と
by the end of the quarter. 四半期末までに

語句

☐ **subscriber** 加入者、契約者　☐ **quarter** 四半期

読解のポイント

- has led to の led は、lead「つながる」の過去分詞です。lead to a success story

は「成功までの道のりを歩ませてくれた」や「サクセスストーリーへとつながった」といった意味です。

- ③と同様に、前置詞 with が文の後半に詳細情報を加え、どのような成功かを説明しています。

⑦

Although introduced only 10 months ago,
わずか10カ月前に導入されたばかりですが
streaming events in the park and performances in the theaters
テーマパークで開催するイベントや劇場でのパフォーマンスをストリーミング配信したことは
have led to a huge profit. 大きな利益をもたらしました

語句

□ **lead to** ～につながる　　□ **profit** 利益

読解のポイント

- Although と introduced の間には、主語である streaming events in the park and performances in the theaters と be 動詞の were が省略されていると考えてください。これは「主節と従属節の主語が同じ場合、従属節の主語と be 動詞を省略することができる」ためで、分詞構文と呼ばれます。

⑧

Park visitors are also purchasing online viewing tickets
テーマパークへの来場者は、オンライン視聴チケットも購入しています
for "premiere access" to shows ショーへの「プレミアアクセス」の
they saw live in person 彼らが直接ライブで観た
at the theaters. 劇場で

読解のポイント

- ここで使われている live は「(公演などが) 生で、実演で、ライブで」という意味の副詞です。この文はテーマパークに行き、テーマパークで実際に観たショーを再度オンラインで観るために「プレミアアクセス」できるチケットを購入していることを説明しています。ライブショーでは観られない何かがプレミアアクセス権に含

まれており、両方を観たい顧客がいることを示唆しています。

⑨

After discussing the company's earnings and financial status,
会社の収益と財政状態について語った後
Willard surprised many Willard は多くの人たちを驚かせました
with his announcement 彼の発表で
that the park's popular Annual Pass Program will be replaced
テーマパークでの人気のある年間パスプログラムが置き換えられる
by a new loyalty program 新しいロイヤリティプログラムに
next spring. 来春に

語句

□ **earning** 収益
□ **replace** ～に置き換える
□ **loyalty program** ロイヤリティプログラム

読解のポイント

- Willard surprised many の後には people が省略されており、Willard surprised many (people). を意味すると考えましょう。どのように驚かせたのかは後半の that 以降で説明されています。

⑩

This change will take place この変更は行われます
to better accommodate all visitors.
すべての来場者をより良い環境で迎え入れるために

語句

□ **accommodate** ～に対応する

読解のポイント

- better accommodate の better は、well「良く」の比較級です。この文は This change will take place to accommodate all visitors better (than before). の better を accommodate の直前に入れています。このようにあえて better を動詞

Eメール チャットメッセージ 広告 記事

の前に移動するのは、動詞（accommodate「対応する」）を強調する書き方です。

⑪

The new plan will require members 新しいプランでは、メンバーは要求されます

to visit the park テーマパークを訪れるのに

by reservation only. 予約制であるということを

読解のポイント

- require members to visit the park by reservation only では require 人 to *do*「人に〜することを要求する」が使われています。直訳すると「メンバーに予約のみでテーマパークを訪れることを要求する」となりますので、意訳すると「メンバーに必ず予約することを求める」という感じになります。

⑫

On the other hand, 一方

the new membership 新しいメンバーシップは、

will offer more discounts and benefits 従来より多くの割引や特典を提供します

when purchasing tickets チケットを購入する際に

for online shows. オンラインショーの

読解のポイント

- more discounts and benefits は両方とも「オンラインショーのチケット購入時」にかかっていますので、オンラインチケットの購入時の様々な特典が新しいメンバーシップの目玉になることがわかります。

⑬

Perks like free parking, 無料駐車場などの特典

dining discounts, 食事割引

and a designated entry for passholders そしてパスホルダーの指定入場は

will continue to be included 引き続き含まれます

in new pass offerings. 新しいパスが提供することに

語句

☐ **perk** 特典　　☐ **designated** 指定の

読解のポイント

- designated entry for passholders とは「パスを持っている人の入場」、つまり入場のための会員専用レーンといった意味です。

⑭

Willard expressed optimism Willard は楽観的な見方を示し
stating, "The details are still 詳細はまだ
in the works. 検討中です

語句

☐ **optimism** 楽観　　☐ **be in the works** 進行中である

読解のポイント

- この文は Willard expressed optimism がメインとなる文の要素で、どのように楽観的なのかを現在分詞の stating 以下が説明する形になっています。
- 詳細は still in the works「まだ検討中」と述べられています。in the works の「検討中」のニュアンスはいろいろと取り組んでいるという感じです。We're working on the details still.「まだ詳細（の決定）について取り組んでいます」と言い換えると、似たニュアンスになります。

⑮

More information より多くの情報
about the delightful new program 楽しい新プログラムについて
will be presented 発表されます
to the public 一般に
on September 1. 9月1日に

語句

☐ **delightful** 楽しい　　☐ **be presented to** ～に向けて発表される

□ **public**　公、一般

読解のポイント

- この文の基本的構造となる More information will be available/presented は頻出の表現なので、この文はすぐに理解できるようにしましょう。この文には「誰に」「どこで」の情報が含まれることが多いので、情報を正確に捉えることが大切です。
- delightful new program とは新しいロイヤリティプログラムのこと。delightful「楽しい」「わくわくする」というポジティブな形容詞が、次の文のつなぎとして機能しています。

I am sure　私は確信しています
that our loyal fans will be excited　私たちの忠実なファンの皆さんは興奮するでしょう
when we share our full vision."　私たちが完全なビジョンを共有するとき

語句

□ **be sure (that)**　～を確信している　　□ **loyal**　忠実な

読解のポイント

- 1つ前の文で、新しいロイヤリティプログラムのことを delightful new program と述べ、ここでは our loyal fans will be excited「私たちの忠実なファンの皆さんは興奮するでしょう」と述べています。年間パスの廃止および新しいロイヤリティプログラムの開始は、あくまでもとてもポジティブなものであるということを強調した発言になっています。

この英文を読んだ後、どのような行動に移るべきか

あなたがTowerWorldの株主でもあり、そして年間パスを保有している大のTowerWorldファンだった場合、どのようなことを考えるでしょうか。

まず、株主として理解すべきことは以下のとおりです。

・消費者向け製品事業は不調で、売れ行きの悪い商品が過剰在庫となっている。

・10カ月前にスタートした有料ストリーミングは、加入者が四半期末までに2,100万人と大成功。成功の要因の1つに、テーマパークへの来場者が劇場で観たショーの「プレミアアクセス」のオンライン視聴チケットをわざわざ追加で購入したりと、サービスの価値を感じていることがわかった。

・ストリーミングサービスの成功により、消費者向け製品事業の不調があった状況でも業績は昨年比41%増だった。

・今後、年間パスの内容を見直し、新規のロイヤリティプログラムとして生まれ変わる。

年間パスホルダーとして理解しておくべきことは以下のとおりです。

・今までは予約せずにテーマパークに行けたものの、今後の新しいロイヤリティプログラムでは予約が必要となる。

・オンラインショーのチケット購入時に、今まで以上の割引や特典が受けられるようになる。

・無料駐車場、食事割引、パスホルダーの指定入場などの特典は、引き続き新しいパスが提供する内容に含まれ、変更はない。

・詳細の発表は9月1日。

わくわくするような内容であると述べられていますので、9月1日の発表を楽しみに待ちましょう。

記事2

Track 22

California's Struggle for Energy Supply

June 25 – As always, Californians are requested to help conserve energy during the coming heatwave. According to weather forecasts, businesses and individuals should be prepared for some rotating power outages during the record-breaking high heat. In the past, utility companies in California imposed rotating blackouts up to 2 hours a day when energy supplies ran short in the summer. Homes and businesses are already cranking up air conditioners to escape the heat. Flex Alert, a voluntary call for energy conservation, will most likely be called into effect in the coming weeks as high temperatures in southern California have already reached the upper 90s Fahrenheit (about 36–38 degrees Celsius).

In an attempt to offer incentives for consumer conservation, a new service called HECTA is helping residents not only save on electricity bills but also earn up to $200 a month for conserving energy. Those who register online are asked to check the HECTA app and disconnect their power during high power alert hours. Anyone with one of the major power companies listed on HECTA's website may join the service.

Sam Miles, a HECTA service user who has already earned $1,000 this year, says, "Our family made a few changes to our routine and shifted the time we use electricity. We take our kids to a park or a nearby pool during the afternoons when the power demand is high. This way, we don't use electricity at home during peak hours. Energy is abundant during the evenings when businesses no longer use air conditioning, so we usually do our house chores after 8 P.M. Our dishwasher and washing machine work the night shift now!"

Julie James, CEO of HECTA, mentioned in a video conference with journalists that the company is coming up with a new plan to reward customers who are making use of clean energy. In the Golden State of California, residents can tap into a variety of clean energy sources that are naturally available; solar power and wind power have a great potential of becoming a major source of energy. Sunlight is abundant during the daytime and wind power is abundant during the nighttime. James says, "With some incentives, people can harness the power of California's resources. We will continue to improve our services to ensure a stable energy supply to residents."

夏期に電力供給の問題が発生するカリフォルニアに関する記事です。計画停電に備える必要性と、HECTAという新しいサービスについて述べられています。

訳

カリフォルニアのエネルギー供給をめぐる闘争

6月25日――例年どおり、カリフォルニア州民は、来たる熱波に備えてエネルギーを節約する努力をするよう要請されています。天気予報によると、記録的な高温が続くと予想される間、企業や個人は何回かの計画停電に備える必要があります。過去にカリフォルニアの公益事業会社は、夏にエネルギー供給が不足した際、1日2時間までの計画停電を課しました。家庭や企業はすでに、暑さから逃れるためにエアコンを始動させています。南カリフォルニアの最高気温はすでに華氏90度台後半（摂氏約36～38度）に達しているため、自発的な省エネを呼びかけるFlex Alert（米国カリフォルニア州の電力不足警報）は今後数週間のうちに発令される可能性があります。

消費者電力節約のためにインセンティブを提供しようという試みの、HECTAと呼ばれる新しいサービスは、住民の電気代節約を支援するだけでなく、省エネで毎月最大200ドルの報酬を得ることができる仕組みを作っています。オンラインで登録する人は、HECTAアプリを確認し、高電力アラートが出ている時間帯に電源を切るように求められます。HECTAのウェブサイトに掲載されている主要な電力会社のいずれかと契約している人であれば、誰でもこのサービスに加入することができます。

今年すでに1,000ドルを得ているHECTAサービスユーザーのSam Milesは次のように述べています。「私たちの家族はルーティンをいくつか変え、電気を使う時間を変更しました。電力需要が高い午後には、子どもたちを公園や近くのプールに連れていきます。こうして私たちは、ピーク時には家で電気を使用しないようにしています。企業がエアコンを使わなくなる夜間はエネルギーが豊富なので、通常は午後8時以降に家事をするようにしています。私たちの食器洗い機と洗濯機は現在夜勤のシフトです！」

HECTAのCEOであるJulie Jamesは、ジャーナリストとのビデオ会議で、クリーンエネルギーを利用している顧客に謝礼を支払うという新しい計画を考えていると述べました。ゴールデンステートの愛称を持つカリフォルニアでは、住民は自然を利用した様々なクリーンエネルギー源を活用することができます。太陽光発電と風力発電は、主要なエネルギー源になる大きな可能性を秘めています。日中は日光が豊富で、夜間は風力が豊富です。Jamesは次のように述べています。「何らかのインセンティブがあれば、人々はカリフォルニアの資源の力を利用することができます。住民の方々への安定的なエネルギー供給を保証するべく、今後もサービスの充実を図っていきます」。

①California's Struggle for Energy Supply

②June 25 – / As always, Californians are requested / to help conserve energy / during the coming heatwave. / ③According to weather forecasts, / businesses and individuals should be prepared / for some rotating power outages / during the record-breaking high heat. / ④In the past, / utility companies in California imposed rotating blackouts / up to 2 hours a day / when energy supplies ran short in the summer. / ⑤Homes and businesses are already cranking up air conditioners / to escape the heat. / ⑥Flex Alert, / a voluntary call for energy conservation, / will most likely be called into effect / in the coming weeks / as high temperatures in southern California / have already reached the upper 90s Fahrenheit / (about 36–38 degrees Celsius).

⑦In an attempt to offer incentives / for consumer conservation, / a new service called HECTA is helping residents / not only save on electricity bills / but also earn up to $200 a month / for conserving energy. / ⑧Those who register online / are asked to check the HECTA app / and disconnect their power / during high power alert hours. / ⑨Anyone with one of the major power companies / listed on HECTA's website / may join the service.

⑩Sam Miles, / a HECTA service user / who has already earned $1,000 this year, says, / "Our family made a few changes to our routine / and shifted the time / we use electricity. / ⑪We take our kids / to a park or a nearby pool / during the afternoons / when the power demand is high. / ⑫This way, / we don't use electricity at home / during peak hours. / ⑬Energy is abundant / during the evenings / when businesses no longer use air conditioning, / so we usually do our house chores / after 8 P.M. / ⑭Our dishwasher and washing machine / work the night shift now!"

⑮Julie James, CEO of HECTA, / mentioned in a video conference with journalists / that the company is coming up with a new plan / to reward customers / who are making use of clean energy. / ⑯In the Golden State of California, / residents can tap into a variety of clean energy sources / that are naturally available; / solar power and wind power have a great potential / of becoming a major source of energy. / ⑰Sunlight is abundant / during the daytime / and wind power is abundant / during the nighttime. / ⑱James says, / "With some incentives, / people can harness the power of California's resources. / ⑲We will continue to improve our services / to ensure a stable energy supply to residents."

語句・読解のポイント

①

California's Struggle for Energy Supply

カリフォルニアのエネルギー供給をめぐる闘争

語句

☐ **struggle**　闘争
☐ **supply**　供給
☐ **energy**　エネルギー（電力）

②

June 25　6月25日

As always, Californians are requested

例年どおり、カリフォルニア州民は要請されます

to help conserve energy　エネルギーを節約する努力をするように

during the coming heatwave.　来たる熱波の間に

語句

☐ **conserve**　～を節約する
☐ **heatwave**　熱波
☐ **coming**　来たる

読解のポイント

- As always とあることから、電力問題は毎年の風物詩であることが示唆されているのを理解できましたか。英文ではこういった修飾節に背景情報が含まれていることが多いので、文脈から状況を読み解くように意識しましょう。
- during the coming heatwave とはこれから発生して、しばらく続く暑い日々のことです。

③

According to weather forecasts,　天気予報によると

businesses and individuals should be prepared　企業や個人は備えるべきです

for some rotating power outages　何回かの計画停電に

during the record-breaking high heat.　記録的な高温が続く間に

語句

- ☐ **weather forecast**　天気予報
- ☐ **record-breaking**　記録的な
- ☐ **rotating**　順番の
- ☐ **high heat**　高温
- ☐ **power outage**　停電

読解のポイント

- rotating power outages は、rotating「順番にやってくる」power outages「停電」で、「計画停電」の意味。
- record-breaking「記録的な」は最高気温を更新するといった意味。during the record-breaking high heat がこれから起こると天気予報が予測していますが、現時点で最高気温を記録したという意味ではありません。should be prepared「備えるべき」とあるので、未来の事柄について書かれていることがわかります。英文を読むときは時制に注意しましょう。

④

In the past,　過去に

utility companies in California imposed rotating blackouts

カリフォルニアの公益事業会社は、計画停電を課しました

up to 2 hours a day　1日2時間までの

when energy supplies ran short in the summer.　夏にエネルギー供給が不足した際に

語句

- ☐ **utility company**　公益事業者
- ☐ **blackout**　停電
- ☐ **impose**　～を課す
- ☐ **run short**　不足する

読解のポイント

- utility company が扱うものは、電気、ガス、そして水道です。これらにかかる費用は utility bills「公共料金」と呼ばれます。

⑤

Homes and businesses are already cranking up air conditioners

家庭や企業はすでに、エアコンを始動させています

to escape the heat.　暑さから逃れるために

語句

☐ **crank up**　～を始める、～の強度を増す　☐ **air conditioner**　エアコン

読解のポイント

- crank up はどんどんとパワーを上げるイメージの句動詞です。この文は人々が「クーラーをガンガン入れている」様子を描写しています。
- air conditioner を略すときには AC と言います。エアコンとは言いません。
- already は現在完了形で使われることが多いですが、このように現在進行形の中でもしばしば使われます。

⑥

Flex Alert,　Flex Alert（米国カリフォルニア州の電力不足警報）

a voluntary call for energy conservation,　自発的な省エネを呼びかける

will most likely be called into effect　発令される可能性が高いです

in the coming weeks　今後数週間のうちに

as high temperatures in southern California　南カリフォルニアの最高気温は

have already reached the upper 90s Fahrenheit

すでに華氏 90 度台後半に達しているため

(about 36-38 degrees Celsius).　（摂氏約 36 ～ 38 度）

語句

☐ **Flex Alert**　米国カリフォルニア州の電力不足警報

☐ **voluntary**　自発的な

☐ **call**　呼びかけ、～を発する

☐ **energy conservation**　省エネ

☐ **into effect**　実施されて、適用されて

☐ **high temperature**　最高気温

☐ **Fahrenheit**　華氏

☐ **Celsius**　摂氏

読解のポイント

- a voluntary call for energy conservation は、Flex Alert とは何かを説明しています。この文を読むと、Flex Alert とは「省エネにご協力ください」という強制力のない呼びかけであることがわかります。flex にはフレックスタイムの語源となって

いるように「柔軟性のある」「適応性のある」といった意味があるため、Flex Alertには「電力供給の問題に柔軟に対応してほしい」「できるだけ電力を日中に使わないでほしい」というニュアンスが含まれています。なお、Alertは日本語で言う「警報」という意味なので、多くの警報で使われます。Flood Alert「洪水警報」といった日本にもあるような警報の他、アメリカにはAMBER Alert「誘拐警報」やSilver Alert「知的なハンディキャップがある人の迷子警報」といった、子どもや障害者、シニアを見つけるための呼びかけ警報もあります。AMBERは警報の導入のきっかけとなった女の子の名前（誘拐されて助からなかった）のAmberを、Silverは「シニア」を指します。AMBERはAmerica's Missing: Broadcast Emergency Responseにもかけているため大文字表記です。警報は、日本の地震警報のように携帯電話が鳴り響きます。

- in the coming weeksは「これから訪れる数週間」という意味です。next week「来週」などと異なり、具体的にいつのことを指すかは不明で、「近い将来」といったニュアンスです。
- 理由を表す接続詞のasは、becauseやsinceに言い換えることが可能です。

⑦

In an attempt to offer incentives インセンティブを提供しようという試み

for consumer conservation, 消費者電力節約のために

a new service called HECTA is helping residents

HECTAと呼ばれる新しいサービスは、住民を支援しています

not only save on electricity bills 電気代を節約できるだけでなく

but also earn up to $200 a month 月に最大200ドルを得られるように

for conserving energy. エネルギーを節約することで

語句

□ **in an attempt to *do*** ～しようとする試み

□ **conservation** 節約　□ **electricity bill** 電気代

読解のポイント

- consumer conservationは消費者による「電力の」節約という意味です。consumer energy conservationのenergyが省略された形です。このように文章のテーマである単語はしばしば省略されますので、何の話なのかを常に頭に入れて

読み進めましょう。

⑧

Those who register online オンラインで登録する人は
are asked to check the HECTA app HECTA アプリを確認するよう求められます
and disconnect their power そして電源を切るように
during high power alert hours. 高電力アラートが出ている時間帯に

語句

☐ **disconnect** ～を切断する　☐ **high power alert** 高電力アラート

読解のポイント

- ここでは HECTA のプログラムがどのように機能するのかが説明されています。オンラインで登録した人が求められているのは、check the HECTA app and disconnect their power during high power alert hours です。つまり、電力不足が生じていることが HECTA アプリ上でわかったときに自宅の電気を使わないようにするということです。

⑨

Anyone with one of the major power companies
主要な電力会社のいずれかと契約している人であれば、誰でも
listed on HECTA's website HECTA のウェブサイトに掲載されている
may join the service. このサービスに加入することができます

語句

☐ **power company** 電力会社　☐ **listed on** ～に掲載されている

読解のポイント

- may は「約 50% の可能性」を表す助動詞で、「～かもしれない」という意味でよく使われますが、ここでは「(～したければ) することができる」という許可の意味で使われています。

⑩

Sam Miles,　Sam Miles
a HECTA service user　HECTA サービスのユーザーの
who has already earned $1,000 this year, says,
今年すでに 1,000 ドルを得ている彼は言いました
"Our family made a few changes to our routine
私たちの家族はルーティンをいくつか変えました
and shifted the time　そして時間を変更しました
we use electricity.　私たちが電気を使う

語句

☐ **earn**　～を得る
☐ **shift**　～を変更する

読解のポイント

- Sam Milles の後のカンマで挟まれた箇所は、Sam Miles がどのような人物なのかを示す説明です。記事では人名の前後に、その人がどのような人物なのか説明があることがほとんどです。

⑪

We take our kids　私たちは子どもたちを連れていきます
to a park or a nearby pool　公園や近くのプールに
during the afternoons　午後に
when the power demand is high.　電力需要が高いとき

語句

☐ **take A to B**　A を B に連れていく
☐ **power demand**　電力需要

読解のポイント

- a nearby pool の nearby は形容詞として使われていますが、a pool nearby のように副詞として使うこともできます。しかし、ライティングではあまりお勧めできません。会話であれば a park の後に 1 秒くらいの間を入れることで「公園または近くのプール」と意味が伝えられますが、ライティングで文の最後に nearby を足すと、pool だけではなく park も修飾して「近くの公園と近くのプール」という

解釈が可能になるためです。

⑫

This way, こうして

we don't use electricity at home 私たちは、家で電気を使用しないようにしています

during peak hours. ピーク時には

語句

☐ **this way** このようにすれば

☐ **peak hour** ピークとなる時間帯

読解のポイント

- this way は何らかの提案をした後に使われます。Why don't we change the party venue to the ballroom? This way, we won't have to worry about the weather.「パーティーの開催場所を（ホテルなどの）宴会場に変更したらいいのでは？　そうすれば天気を気にしなくてもいいので」といった形で使われます。

⑬

Energy is abundant エネルギーが豊富である

during the evenings 夜間は

when businesses no longer use air conditioning,

企業がもうエアコンを使わなくなる

so we usually do our house chores それで通常は家事をするようにしています

after 8 P.M. 午後 8 時以降に

語句

☐ **abundant** 豊富だ

☐ **house chore** 家事

読解のポイント

- business は「仕事」という意味でよく使われますが、「会社」「企業」「店」などのような意味でも非常によく使われます。Thank you for your business.「お買い上げいただきありがとうございます」と言われることもありますので、状況に応じて意味を理解しましょう。
- no longer ～は「もう～ではない」という定型表現です。

⑭

Our dishwasher and washing machine 私たちの食器洗い機と洗濯機は

work the night shift now!" 現在夜勤のシフトです！

語句

☐ **dishwasher** 食器洗い機

☐ **washing machine** 洗濯機

☐ **work the night shift** 夜勤で働く

読解のポイント

- ここでは Sam Milles は一種のジョークとして、夜にしか家電を動かさないことを「家電たちは夜勤シフトだ」とユーモアを交えて述べています。

⑮

Julie James, CEO of HECTA, HECTA の最高経営責任者である Julie James は

mentioned in a video conference with journalists
ジャーナリストとのビデオ会議で述べました

that the company is coming up with a new plan 新しい計画を考えている最中だと

to reward customers 顧客に謝礼を支払うという

who are making use of clean energy. クリーンエネルギーを利用している

語句

☐ **CEO** 最高経営責任者（= Chief Executive Officer）

☐ **come up with** ～を検討中である

☐ **reward** ～に報酬を与える

☐ **make use of** ～を利用する

読解のポイント

- CEO「最高経営責任者」は Chief Executive Officer の略で、COO「最高執行責任者」は Chief Operating Officer の略です。
- come up with は「～を工夫して思いつく」や「～を検討中である」といった、最終的にどうするかをいま考えているようなニュアンスです。

⑯

In the Golden State of California, ゴールデンステートの愛称を持つカリフォルニアでは

residents can tap into a variety of clean energy sources
住民は様々なクリーンエネルギー源を活用することができます
that are naturally available; 自然を利用した
solar power and wind power have a great potential
太陽光発電と風力発電は、大きな可能性を秘めています
of becoming a major source of energy. 主要なエネルギー源になる

語句

- ☐ **state** 州
- ☐ **tap into** ～を利用する
- ☐ **source** ～源
- ☐ **solar power** 太陽光発電
- ☐ **wind power** 風力発電
- ☐ **potential** 可能性

読解のポイント

- アメリカの州や都市には愛称があります。例えば、ニューヨーク市の愛称、ビッグアップルが有名でしょう。カリフォルニア州はGolden Stateという愛称を持ち、このGoldenはゴールドラッシュのGoldと、常に太陽が輝き水辺などをキラキラさせている様子から、この愛称がついたと考えられています。この文ではカリフォルニア州の恵まれた自然に言及しています。solar powerにも言及していることからGolden Stateの愛称にもかけて、太陽光の豊富さを強調していると考えられます。
- tap intoは何かにアクセスして、それを有効利用するするようなニュアンスです。この文では自然界の恵みにアクセスして、そこから生まれる電力を活用することを意味しています。

⑰

Sunlight is abundant 日光が豊富です
during the daytime 日中は
and wind power is abundant 風力が豊富です
during the nighttime. 夜間は

読解のポイント

- 前の文同様に、いかにカリフォルニア州が恵まれた資源を持っているかをより具体的に説明している文です。

⑱

James says,　James は述べています

"With some incentives,　何らかのインセンティブがあれば

people can harness the power of California's resources.

人々はカリフォルニアの資源の力を利用することができます

語句

☐ **harness**　～を利用する　　☐ **resource**　資源

読解のポイント

- harness は動力として自然の資源を利用することを意味する動詞です。コロケーションとしては主に harness the sun や harness the power のように使われ、後ろに来る名詞は限られています。例えば、harness the power of money「お金の力を活用する」は言えても harness the money とは言いません。

⑲

We will continue to improve our services　私たちは今後もサービスの充実を図ります

to ensure a stable energy supply to residents."

住民への安定的なエネルギー供給を保証するために

語句

☐ **ensure**　～を保証する　　☐ **stable**　安定的な

読解のポイント

- ここで述べられている services とは、電力消費量が高いときに節電を心がける住民へインセンティブを支払うなどして、十分な電力が全体的に供給されるよう貢献することを述べています。文後半の「住民への安定的なエネルギー供給を保証するために」は HECTA のサービス理念のようなものと考えられます。

この英文を読んだ後、どのような行動に移るべきか

あなたがカリフォルニア州の住民なら、何をすべきでしょうか。

まずは、天気予報を見て熱波がやってくると理解することが大切です。As alwaysと文中にありますから、例年どおりの出来事です。熱波の結果、電力不足が見込まれていることから、Flex Alertが出されたら電力の利用量を減らすように配慮しましょう。また、今後電気代を節約したいと考えている場合は、HECTAのサービスを検討するといいですね。主要電力会社との契約がある家庭はこのサービスを使えるので、自分の契約先の電力会社を確認してください。契約先がHECTAのサービスを利用できる企業であれば、オンラインで登録し、登録後はHECTAアプリを確認して、高電力アラートが出ているときは電源を切りましょう。最大で毎月200ドル節約できますね！

今後はクリーンエネルギーを活用することで、より一層お得なサービスを利用できるようになるかもしれませんので、その新制度の詳細発表にも期待しましょう。

記事3

Track 23

A New Healthcare Requirement for Small Businesses

September 2 – Small business owners are constantly struggling to keep up with the changing regulations and employer obligations related to healthcare. All businesses with 10 full-time employees will be required to provide minimum essential group health insurance. The change will take place on October 1.

Although the new policy requires some employer-sponsored coverage, small businesses can ask employees to pay for up to 50% of the monthly premiums from their paychecks. This may, in effect, look like a pay cut, and thus, many workers who are currently not insured are not necessarily happy about the change. Many have complained that they hardly make ends meet with their current paycheck; the insurance cost deduction can hit workers hard, especially workers with large families. Family insurance plans cover two or more members at a discounted rate, but there is always an additional cost. The more dependents there are, the higher the monthly premium.

Some find it problematic that under the new requirements, employees will not be able to make any decisions to lower their insurance bills. After the business owners choose a health insurance provider, the group plan will be fixed. Small business owners will most likely choose affordable small business health insurance plans with minimum coverage to comply with the new regulation; however, insurance premiums may cost over $600 per month for a family of four.

With the hope to ease some of the financial burden caused by the change, employees working for small businesses will be eligible for a health care tax credit. Those with an annual income lower than $50,000 would qualify for the highest tax credit.

Policymakers had good intentions in mind. Research shows that those who are insured tend to proactively attend to their medical needs and take fewer sick days. By making it legally binding for employers to offer insurance, small business owners will now look into the best healthcare plan for their employees in order to avoid facing penalties. The end result should be a healthier workforce and more efficiency at work.

中小企業に対する団体健康保険加入の義務化に関する記事です。新たな法的義務が生じることと、その影響について述べられています。

訳

中小企業での新しい健康保険の義務化

9月2日――中小企業の経営者は、健康保険に関連する規制の変化や雇用主の義務に対応するため、常に苦慮しています。正社員が10人以上の企業は、最低限必要とされる団体健康保険に加入する必要があります。改正は10月1日に施行されます。

新しい方針においては事業主負担が必要ですが、中小企業は、月額保険料の最大50%を給与から支払うよう従業員に求めることができます。これは事実上、賃金カットのように見えるかもしれません。したがって、現在保険に加入していない多くの従業員は、必ずしも変更に満足しているわけではありません。多くの人が、現在の給料で生計を立てることすら難しいと不満を言っています。保険料控除は、従業員、特に大家族のいる人に大きな打撃を与える可能性があります。家族保険は2人以上の場合、割引料金になりますが、常に追加料金がかかってしまうのです。扶養家族が多いほど、月額保険料は高くなります。

新しい要件のもとでは、従業員が保険の掛け金を下げる決定を下すことができないということに問題があると感じている人もいます。事業主が健康保険会社を選択した後、団体保険プランが確定します。中小企業の経営者は、新しい規制に応じるために、最小限の補償範囲で手頃な価格の中小企業の健康保険プランを選択する可能性が非常に高いでしょう。しかしそれでも4人家族の場合、保険料は月額600ドルを超える場合があります。

この変更による経済的負担を軽減する措置として、中小企業勤務の従業員は医療費控除の対象となります。年収が50,000ドル未満の人は、最高水準の税額控除を受ける資格があります。

政策立案者が法改正を行ったのは、良かれと思ってのことです。調査によると、被保険者は自分の体調の変化に積極的に対応し、病欠日数が少なくなる傾向があります。雇用主が保険を提供することを法的に義務づけることで、中小企業の経営者は罰則を避けるために、従業員にとって最適な医療保険プランを検討するようになるでしょう。最終的には、従業員たちはより健康的になり、仕事も効率化されるはずです。

スラッシュリーディング用の英文

① A New Healthcare Requirement / for Small Businesses

② September 2 – / Small business owners are constantly struggling / to keep up with the changing regulations and employer obligations / related to healthcare. / ③ All businesses with 10 full-time employees / will be required to provide / minimum essential group health insurance. / ④ The change will take place / on October 1.

⑤ Although the new policy requires some employer-sponsored coverage, / small businesses can ask employees / to pay for up to 50% of the monthly premiums / from their paychecks. / ⑥ This may, in effect, look like a pay cut, / and thus, many workers / who are currently not insured / are not necessarily happy / about the change. / ⑦ Many have complained / that they hardly make ends meet / with their current paycheck; / the insurance cost deduction can hit workers hard, / especially workers with large families. / ⑧ Family insurance plans cover two or more members / at a discounted rate, / but there is always an additional cost. / ⑨ The more dependents there are, / the higher the monthly premium.

⑩ Some find it problematic / that under the new requirements, / employees will not be able to make any decisions / to lower their insurance bills. / ⑪ After the business owners choose a health insurance provider, / the group plan will be fixed. / ⑫ Small business owners will most likely choose / affordable small business health insurance plans / with minimum coverage / to comply with the new regulation; / however, insurance premiums may cost over $600 per month / for a family of four.

⑬ With the hope to ease some of the financial burden / caused by the change, / employees working for small businesses / will be eligible for a health care tax credit. / ⑭ Those with an annual income lower than $50,000 / would qualify for the highest tax credit.

⑮ Policymakers had good intentions in mind. / ⑯ Research shows / that those who are insured / tend to proactively attend to their medical needs / and take fewer sick days. / ⑰ By making it legally binding / for employers / to offer insurance, / small business owners will now look into the best healthcare plan / for their employees / in order to avoid facing penalties. / ⑱ The end result should be a healthier workforce / and more efficiency at work.

語句・読解のポイント

①

A New Healthcare Requirement 新しい健康保険の義務（化）

for Small Businesses 中小企業での

語句

□ **healthcare** 医療、健康管理

読解のポイント

- healthcareは厳密には健康管理に関する医療制度のことを指しますが、「健康保険」と広義に解釈されることも多いです。そのため、ここでは「健康保険」の訳を使っています。
- small businessは「小企業」ですが、日本語の中小企業にあたる企業も、英語ではsmall businessと呼びます。

②

September 2 9月2日

Small business owners are constantly struggling

中小企業の経営者は、常に苦慮しています

to keep up with the changing regulations and employer obligations

規制の変化や雇用主の義務に対応するため

related to healthcare. 健康保険に関連する

語句

□ **keep up with** ～に対応する　□ **obligation** 義務

読解のポイント

- struggleは、ビジネスがうまくいかないときや何かの悩みの種になっていることを説明するときに、記事でよく登場します。ここでは健康保険に関する2つのことに中小企業の経営者が苦戦していると述べられています。その1つがchanging regulation「規制の変化」で、もう1つがemployer obligation「雇用主の義務（法

律順守)」です。

③

All businesses with 10 full-time employees　正社員が 10 人以上の企業は

will be required to provide　提供することが義務づけられます

minimum essential group health insurance.　最低限必要とされる団体健康保険を

語句

□ **minimum**　最低限　　□ **insurance**　保険

□ **essential**　必要とされる

読解のポイント

- この文では 10 full-time employees (or more) の or more が省略されています。つまり 10 人以上のフルタイム勤務者がいる企業において団体健康保険の加入が義務づけられることになります。

④

The change will take place　この改正は施行されます

on October 1.　10 月 1 日に

語句

□ **take place**　施行される

読解のポイント

- take place には be held と同じ意味で「(イベントが) 開催される」を表す他、この文で使われているように「(法制度が) 施行される」といった意味もあります。

⑤

Although the new policy requires some employer-sponsored coverage,

新しい方針においては、雇用主が保険料の一部負担を必要としますが

small businesses can ask employees　中小企業は、従業員に求めることができます

to pay for up to 50% of the monthly premiums

月額保険料の最大 50%を支払うように

from their paychecks. 給与から

語句

□ **employer-sponsored** 雇用主が負担する
□ **monthly premium** 月額保険料
□ **coverage** 負担
□ **paycheck** 給与

読解のポイント

- coverage は保険や商品などの「補償の範囲」を指します。企業がその一部を負担する義務について前半で述べられており、後半は反対に最低限の義務の範囲を指定しています。従業員には最大で50%負担させてよいということは、企業は保険の企業負担額を50%から100%の範囲に設定できるという意味です。

⑥

This may, in effect, look like a pay cut,
これは事実上、賃金カットのように見えるかもしれません
and thus, many workers したがって、多くの従業員は
who are currently not insured 現在保険に加入していない
are not necessarily happy 必ずしも満足しているわけではありません
about the change. 変更に

語句

□ **in effect** 事実上
□ **be insured** 保険に加入している
□ **pay cut** 賃金カット
□ **not necessarily** 必ずしも〜ない
□ **currently** 現在

読解のポイント

- 冒頭の This may look like a pay cut, の間に in effect が差し込まれています。このように主文の中に補足情報を加えたいときには、句や節をカンマで挟んで情報を追加することができます。なお「〜のように見える」を表す場合、look like の後ろには名詞（句）が、look の後ろには形容詞が続きます。
- necessarily は基本的に否定文の中で使われるため、not necessarily「必ずしも〜ない」と覚えましょう。

⑦

Many have complained 多くの人が不満を言っています
that they hardly make ends meet 生計を立てることがほとんどできていない
with their current paycheck; 現在の給料では
the insurance cost deduction can hit workers hard,
保険料控除は従業員に大きな打撃を与える可能性があります
especially workers with large families. 特に家族のいる従業員

語句

- □ **hardly** ほとんど～ない
- □ **hit ～ hard** ～に打撃を与える
- □ **make ends meet with** ～で生計を立てる
- □ **insurance cost deduction** 保険料の控除

読解のポイント

- 「不満を言う」を表す complain は、complain about/of ＋名詞、もしくは complain ＋ that 節の形で後ろに不満の対象や説明を続けます。
- hardly は「ほとんど～ない」という否定を表す副詞で、not よりもやや弱めの否定を表します。hardly make ends meet は「生計を立てることがほとんどできていない」という意味。つまり、生活が苦しいことを表しています。

⑧

Family insurance plans cover two or more members
家族保険は２人以上の場合をカバーします
at a discounted rate, 割引料金で
but there is always an additional cost. ですが、常に追加料金がかかります

読解のポイント

- There be 動詞「～がある」の文では、There is always an additional cost. の always のように、「頻度」を表す副詞は be 動詞の直後に置かれるのが通常です。
- この文のキーメッセージは、家族も保険に加入することになり、割引はあるものの家族の人数ごとに保険料が増えるため負担が大きいということです。

⑨

The more dependents there are, 扶養家族が多いほど
the higher the monthly premium. 月額保険料は高くなります

語句

☐ **dependent** 扶養家族

読解のポイント

- この文は前の文の補足の役割を担っています。前の文の意味がよくわからなかったとしても、この文とセットで読むことで要点をつかむことはできます。
- the ＋比較級 , the ＋比較級は、「〜すればするほど、ますます…になる」という意味になります。ここでは原因・理由を表す There are more dependents. と、結果を表す The monthly premium is higher. の 2 つの文を合わせた形になっています。2 つ目の文にある動詞の is は、本文では省略されています。

⑩

Some find it problematic 問題があると感じている人もいます
that under the new requirements, 新しい要件のもとでは
employees will not be able to make any decisions
従業員が何も決定を下すことができない
to lower their insurance bills. 保険の掛け金を下げるための

語句

☐ **problematic** 問題がある　☐ **insurance bill** 保険の掛け金

読解のポイント

- some は some people の people が省略された表現。「〜する者もいれば、…する者もいる」という意味で Some 〜 , others ... のように使われることもあります。
- なぜ従業員が何も決定を下すことができないのかはこの文では説明されていません。次の文に詳細が続いています。

⑪

After the business owners choose a health insurance provider,

事業主が健康保険会社を選択した後

the group plan will be fixed.　団体保険プランが確定します

語句

□ **health insurance provider**　健康保険会社　□ **fix**　～を確定させる

読解のポイント

- この文では、従業員が自分の健康保険に関することを何も決められない理由が述べられています。group plan というのは適用される条件がグループ内のすべての人に適用されるプランのこと。この文を読むと、掛け金やサポートについて、従業員に一切選択肢がないということがわかります。

⑫

Small business owners will most likely choose

中小企業の経営者は選択する可能性が非常に高いでしょう

affordable small business health insurance plans

手頃な価格の中小企業の健康保険プランを

with minimum coverage　最小限の補償範囲で

to comply with the new regulation;　新しい規制に応じるために

however, insurance premiums may cost over $600 per month

しかしそれでも保険料は月額 600 ドルを超える場合があります

for a family of four.　4 人家族の場合

語句

□ **affordable**　手頃な価格の　□ **insurance premium**　保険料

□ **minimum coverage**　最小限の補償範囲

読解のポイント

- この文は前半で「手頃な保険が選ばれるだろう」という見込みを述べたうえで「それでもなお負担が大きい」ということを however 以下で表しています。
- however は接続副詞なので節と節をつなぐことはできません。ここでは直前にカンマとピリオドの両方の役割を果たせるセミコロンがあるため、節＋セミコロン＋however ＋節の語順が成り立っています。つまり、ここではセミコロンはピリオドの役割を果たしています。

⑬

With the hope to ease some of the financial burden
経済的負担の一部を軽減することを期待して
caused by the change, この変更による
employees working for small businesses 中小企業勤務の従業員は
will be eligible for a health care tax credit. 医療費控除の対象となります

語句

☐ **financial burden** 経済的負担 ☐ **health care tax credit** 医療費控除
☐ **be eligible for** 〜の資格がある

読解のポイント

- With the hope がなくてもこの文は文法的に成立しますが、To ease 〜の文だけだと、ただ事実を伝える文になります。ここに With the hope が必要なのは、⑮の文につなげるためです。
- be eligible for ＋名詞「〜の資格がある」だけでなく、be eligible to *do*「〜する資格がある」もセットで覚えましょう。

⑭

Those with an annual income lower than $50,000 年収が 50,000 ドル未満の人は
would qualify for the highest tax credit. 最高水準の税額控除を受ける資格があります

語句

☐ **annual income** 年収 ☐ **tax credit** 税額控除
☐ **qualify for** 〜の資格がある

読解のポイント

- an annual income lower than $50,000 は、名詞句の an annual income を lower than $50,000 が後ろから説明している表現です。

⑮

Policymakers had good intentions in mind.

政策立案者は良かれと思って法改正を行いました

語句

□ **policy maker**　政策立案者
□ **have ～ in mind**　～を念頭に置く
□ **good intention**　善意

読解のポイント

- ここまでで、新しい健康保険制度がいかに負担の大きいものとなるかが説明されてきました。この文では、本来はメリットの大きい制度として考えられていたことが書かれています。この文と２つ前の With the hope は関連があると考えられます。⑬の医療費控除も、制度導入に至った決断も、政策立案者は中小企業や従業員を苦しめるつもりはまったくなかったと述べています。

⑯

Research shows　調査によると

that those who are insured　被保険者は

tend to proactively attend to their medical needs

自分の体調の変化に積極的に対応する傾向があります

and take fewer sick days.　そして病欠日数が少なくなります

語句

□ **proactively**　積極的に
□ **take sick days**　病欠する
□ **attend to**　～に対応する

読解のポイント

- take sick days という表現は、有給休暇と傷病休暇が分かれている国で使われる表現です。例えばアメリカでは、通院目的や体調不良による欠席は、休暇に使う有給休暇とは別になっています。
- proactively attend to their medical needs は、少し異変を感じたら健康保険を使って病院に行くので、大事に至る前に回復できるといったニュアンスです。

⑰

By making it legally binding 法的に義務づけることで

for employers 雇用主が

to offer insurance, 保険を提供することを

small business owners will now look into the best healthcare plan

中小企業の経営者はこれから最適な医療保険プランを検討するようになるでしょう

for their employees 従業員にとって

in order to avoid facing penalties. 罰則に直面することを避けるために

語句

☐ **binding** 拘束力のある ☐ **penalty** 罰則

読解のポイント

- この文は再度、新制度のメリットを強調しています。英文では重要な内容は文章の冒頭と最後に提示します。そのため、この記事の書き手はこの制度は負担が大きいことを伝えつつも、それ以上にメリットがあるだろうと考えていることがわかります。

⑱

The end result should be a healthier workforce

最終的には、従業員たちはより健康的になり

and more efficiency at work. 仕事も効率化されるはずです

語句

☐ **end result** 最終結果 ☐ **efficiency** 効率

☐ **workforce** （全）従業員

読解のポイント

- 最終文が最終的には良い結果へとつながるというメッセージですので、これがこの記事の書き手の見解と考えられます。

この英文を読んだ後、どのような行動に移るべきか

あなたが中小企業の経営者であればどのような点を理解しておく必要があるでしょうか。

- 10 人以上フルタイム勤務者がいる場合は、10 月 1 日から全従業員が団体健康保険に加入する必要があります。雇用者数が 10 人未満の場合、この新しい規則は適用されません。
- 保険の加入費用は最大 50%までを従業員負担にできます。会社としてどれだけ負担するのが妥当か検討し、判断しましょう。
  その際、多くの人がそもそも現在の給与ではやっていくのが難しいと述べていることを考慮する必要があるでしょう。

あなたが中小企業で働く人だったらどう考えるでしょうか。

- いま会社で保険に加入しておらず、あなたが働く企業に 10 人以上フルタイム勤務者がいない場合、今までどおり無保険となるか、これを機に企業で保険に加入することを検討しているのかを経営者に確認するといいでしょう。
- あなたの企業に 10 人以上フルタイム勤務者がいれば、あなたの会社は団体保険に必ず入らなくてはいけません。そして、最大で保険の 50%の費用を自己負担することになります。給与から天引きされることを理解しておきましょう。
- あなたの負担額は 4 人家族であれば最大で月 600 ドルになるとのことです。それがどれだけのインパクトがあるのか、家計費をどうやりくりすべきか考えましょう。
- 医療費控除の対象となるとのことなので、どのような控除があるのか確認しましょう。

TIPS

日本語に訳しにくい副詞の just に要注意

本書でも複数回登場する just という単語。「ただ」「ちょうど」「やっと」など、いろいろな意味がありますが、日本語に訳しにくい理由は意味が多いからだけではなく、文のどこにあるかによって文の意味が変わるためです。
多くのビジネスパーソンの英語レッスンを担当させていただきましたが、英語力の高い方でも just の入った文の訳し間違いがとても多いのです。下記の訳文の違い・ニュアンスの違いがわかるか、確認しましょう。

・She **just** plays the violin for fun.（彼女の趣味はバイオリンだけだよ）
　※ just は plays the violin にかかっています。for fun（楽しみのため＝趣味のため）にやっている唯一のことが play the violin であると述べています。

・She plays **just** the violin for fun.（彼女はバイオリンだけは趣味でやっているんだよ）
　※ just the violin は「バイオリンだけは」の意味。つまり、この文では、彼女が様々な楽器を真剣にやっているものの（例えばプロ演奏者としていくつかの楽器を弾いていて）、バイオリンだけはあくまでも趣味であると述べています。

・She plays the violin **just** for fun.（彼女はバイオリンを趣味としてやっているだけだよ）
　※ just は for fun を修飾していますので、趣味としてやっていることを「ただ単なる趣味としてやっている」と強調して述べています。

ビジネスではニュアンスを的確に汲み取ることが重要な場面が多いので、just を見かけたら要注意です。

記事4

Track 24

Families Take Full Advantage of Workation and Roadschooling

October 1 – The terms "workation" and "roadschooling" have become well-known to those who prefer a flexible lifestyle. Many are taking the opportunity of remote work and remote learning to travel and enjoy life while meeting their professional and academic requirements.

Pamela Brown and her family decided to take advantage of her remote work arrangement. The first thing she did was buy a trailer. She started her renovation project last November, installing a kitchen, a shower, a toilet, and a family bed. Her husband became a "travel nurse" so he could take on assignments in areas where the family wanted to visit. Their ten-year-old son Tim is now "homeschooling" at a virtual charter school where the curriculum and teachers are provided by the school.

The family of three hit the road in March and have traveled 12,000 miles in six months, visiting 18 states. Brown says she loves the blend of leisure time and work time; she and her husband have not had to give up their careers, and they are spending quality time with Tim.

RVwizUS, a rental RV company, saw more families traveling this summer. Bookings have more than doubled quarter over quarter, and about 70% of customers were families with children under 18, still in school. This suggests that many families have figured out how to successfully juggle their professional life and their children's academic needs by finding positions that allow remote work and online schools that are accredited.

Brown says, "More and more universities and grad schools offer online courses, so why not get youngsters used to online learning? If students can become autonomous learners and manage their own learning at a young age, they will have more flexibility in the future when they want to pursue their interests."

It seems like companies and online schools are already familiar with successful online practices. They are generally committed to recruiting, retaining, developing, and sustaining employees who can effectively work online. As long as parents can become creative and provide a safe and innovative environment for their children to learn while traveling, workation and roadschooling seem to be a great option for those seeking an exciting lifestyle.

柔軟でエキサイティングな生活を求める人々に人気のワーケーションとロードスクーリングに関する記事です。どのように旅をしながら、保護者が働き、子どもが学校に通うことができるのかが述べられています。

訳

ワーケーションとロードスクーリングをフル活用する家庭

10月1日――「ワーケーション」と「ロードスクーリング」という用語は、柔軟なライフスタイルを好む人々によく知られるようになりました。多くの人が、リモートワークやリモートラーニングの機会を利用して、仕事も勉強も十分にこなしながら、旅行と人生を楽しんでいます。

Pamela Brownと彼女の家族は、リモートワーク制度を利用することに決めました。彼女が最初にしたことはトレーラーを買うことでした。彼女は昨年11月にリフォームプロジェクトを開始し、キッチン、シャワー、トイレ、家族用のベッドを設置しました。家族が行きたい地域で仕事を引き受けることができるように、彼女の夫は「トラベルナース」になりました。彼らの10歳の息子Timは現在、仮想チャータースクール（州・学区の認可を受けて公費で運営する学校）で、学校によって提供されているカリキュラムと教師による「ホームスクーリング」を受けています。

家族3人は、3月に出発し、6カ月で12,000マイルを移動し、18の州を訪れました。Brownは、余暇と仕事の時間の融合を大変気に入っていると言っています。彼女と夫はキャリアをあきらめる必要はなく、彼らはTimと充実した時間を過ごしています。

レンタルRV会社のRVwizUSでは、この夏、家族旅行のお客様が増加しました。予約は四半期比で2倍以上になり、顧客の約70%はまだ在学中の18歳未満の子どもを持つ家族でした。これは、多くの家族がリモートワークが認められる仕事と認可オンラインスクールを見つけることで、仕事をしながらの生活と子どもの学業上のニーズをうまく両立させる方法を見つけ出したことを示唆しています。

Brownは次のように述べています。「オンラインコースを提供する大学や大学院が増えているので、ちびっ子たちもオンライン学習に慣れさせてみませんか。生徒が若いうちに自律的な学習者になり、自分の学習を管理できるようになれば、将来自分の興味を追求したいときに、より柔軟に対応できるようになります」。

企業やオンラインスクールは、オンラインの成功事例にすでに精通しているようです。彼らは日頃からオンラインで効果的に働くことができる従業員の採用、雇用の維持、育成、雇用の長期継続に取り組んでいます。親が創造的になり、子どもたちが旅行中に学ぶことができる安全で革新的な環境を提供できる限り、ワーケーションとロードスクーリングはエキサイティングなライフスタイルを求める人々にとって素晴らしい選択肢であるようです。

スラッシュリーディング用の英文

① Families Take Full Advantage of / Workation and Roadschooling

② October 1 – / The terms "workation" and "roadschooling" / have become well-known / to those who prefer a flexible lifestyle. / ③ Many are taking the opportunity of / remote work and remote learning / to travel and enjoy life / while meeting their professional and academic requirements.

④ Pamela Brown and her family decided to take advantage of / her remote work arrangement. / ⑤ The first thing / she did / was buy a trailer. / ⑥ She started her renovation project last November, / installing a kitchen, a shower, a toilet, and a family bed. / ⑦ Her husband became a "travel nurse" / so he could take on assignments / in areas / where the family wanted to visit. / ⑧ Their ten-year-old son Tim is now "homeschooling" / at a virtual charter school / where the curriculum and teachers are provided by the school.

⑨ The family of three hit the road in March / and have traveled 12,000 miles in six months, / visiting 18 states. / ⑩ Brown says / she loves the blend of leisure time and work time; / she and her husband have not had to give up their careers, / and they are spending quality time with Tim.

⑪ RVwizUS, a rental RV company, / saw more families / traveling this summer. / ⑫ Bookings have more than doubled quarter over quarter, / and about 70% of customers were families / with children under 18, / still in school. / ⑬ This suggests / that many families have figured out / how to successfully juggle their professional life / and their children's academic needs / by finding positions / that allow remote work / and online schools / that are accredited.

⑭ Brown says, / "More and more universities and grad schools offer online courses, / so why not get youngsters used to online learning? / ⑮ If students can become autonomous learners / and manage their own learning at a young age, / they will have more flexibility in the future / when they want to pursue their interests."

⑯ It seems like / companies and online schools are already familiar / with successful online practices. / ⑰ They are generally committed to / recruiting, retaining, developing, and sustaining employees / who can effectively work online. / ⑱ As long as parents can become creative / and provide a safe and innovative environment / for their children / to learn while traveling, / workation and roadschooling seem to be a great option / for those seeking an exciting lifestyle.

語句・読解のポイント

①

Families Take Full Advantage of 家族はフル活用する

Workation and Roadschooling ワーケーションとロードスクーリングを

語句

☐ **take advantage of** 〜を活用する

☐ **workation** 仕事をして過ごす休暇

☐ **roadschooling** 外出先でのホームスクーリング

読解のポイント

- スラッシュリーディングでは、前置詞の前で区切って of Workation and Roadschooling のようにすることが多いのですが、ここでは take advantage of の後ろにスラッシュを入れています。これは take advantage of がフレーズとしてよく使われるためです。
- ホームスクーリング制度とは学校に行かず家庭で学習を行う制度であり、事前申請を行って許可を得た内容をこなすことで学校の単位を取得できる制度です。

②

October 1 10月1日

The terms "workation" and "roadschooling"

「ワーケーション」と「ロードスクーリング」という用語は

have become well-known よく知られるようになりました

to those who prefer a flexible lifestyle. 柔軟なライフスタイルを好む人々に

語句

☐ **term** 用語　　☐ **flexible** 柔軟な

読解のポイント

- 〜 have become well-known は「よく知られるようになった」という認知を示すと共に、「人気が出てきた」というニュアンスを含む場合があります。そのニュアンスが含まれるかどうかは前後の文で判断します。次の文で Many are taking the opportunity「多くの人が機会を利用して」と実際にワーケーションとロードスクーリングに取り組むようになったことが述べられていますので、ここでは「人気」のニュアンスも含まれていることがわかります。

③

Many are taking the opportunity of 多くの人が機会を利用して

remote work and remote learning リモートワークやリモートラーニングの

to travel and enjoy life 旅行と人生を楽しむために

while meeting their professional and academic requirements.

専門的、そして学術的な要件を満たしながら

語句

☐ **take the opportunity of** 〜の機会を利用する　☐ **remote** 離れた

読解のポイント

- meeting their professional and academic requirements. は直訳すると「専門的、そして学術的な要件を満たしながら」になりますが、ニュアンスは「仕事も勉強も十分にこなしながら」という感じです。professional が仕事を指し、academic が学校での勉強を指します。
- life には「生活」という意味と「人生」の意味があり、この文では「人生を楽しむ」という意味で使われています。

④

Pamela Brown and her family decided to take advantage of

Pamela Brown と彼女の家族は、利用することに決めました

her remote work arrangement. リモートワークの取り決めを

語句

☐ **arrangement** 取り決め

読解のポイント

- decide to *do* の反意表現である decide against *doing*「〜しないことに決める」

もセットで覚えておきましょう。共にビジネス場面で使われる表現です。

- remote work arrangement は会社との取り決めを指します。リモートワークをする取り決めですから、リモートワーク制度というニュアンスです。

⑤

The first thing 最初のこと

she did 彼女がした

was buy a trailer. トレーラーを買うことだった

読解のポイント

- この文は「まず最初にしたことは～」という意味です。自分が取り組んだ仕事の手順を述べるときに使える文構造なので、使いこなせるようにしましょう。例えば、今日起きて最初にしたことは何でしょうか。The first thing I did was wash my face.「一番最初にしたことは顔を洗うことだった」のように文をいくつか作ってみましょう。

⑥

She started her renovation project last November,

彼女は昨年 11 月にリフォームプロジェクトを開始し

installing a kitchen, a shower, a toilet, and a family bed.

キッチン、シャワー、トイレ、家族用のベッドを設置しました

語句

☐ **renovation** 改修

読解のポイント

- renovation project は前の文で述べている、新しく購入したトレーラーハウスのリフォームプロジェクトのことです。このように、project という単語は仕事だけでなく、家庭内の手がかかる作業のことも指します。
- installing ～は 1 つ目のカンマの前にある節に説明を加えています。

⑦

Her husband became a “travel nurse” 彼女の夫は「トラベルナース」になり

so he could take on assignments 仕事を引き受けることができるように

in areas 地域で

where the family wanted to visit. 家族が行きたい

語句

- ☐ **travel nurse** 旅行看護師
- ☐ **assignment** 仕事
- ☐ **take on** ～を引き受ける

読解のポイント

- 日本でも少しずつ増えてきているトラベルナース制度は、看護師が赴任先を選んで、看護師が足りていない場所で短期間働く制度です。短期の赴任であることが前提なので、移動のための費用や住宅手当などが出ることから、この制度の歴史がある海外の国では、働きながら旅をしたい看護師に人気のようです。

⑧

Their ten-year-old son Tim is now "homeschooling"

彼らの10歳の息子Timは、現在「ホームスクーリング」を受けています

at a virtual charter school 仮想チャータースクールで

where the curriculum and teachers are provided by the school.

カリキュラムと教師が学校によって提供されている

語句

- ☐ **virtual** 仮想の
- ☐ **charter school** チャータースクール

読解のポイント

- charter schoolは「税補助を受けるが従来の公的教育規制を受けない学校」のことです。州・学区の認可を受け公費で運営する学校であるものの、私立の学校なので、特色のある取り組みを行うことができます。日本では民間企業が運営する「認可保育園」がこれに似ているかもしれません（私立の保育園でカリキュラムはそれぞれ特色を持ちつつ、税補助があるため、公立保育園と同じ料金体系になっています）。

⑨

The family of three hit the road in March 家族３人は、３月に出発し

and have traveled 12,000 miles in six months, 6カ月で12,000マイルを移動し
visiting 18 states. 18の州を訪れました

語句

☐ **hit the road** 出発する

読解のポイント

- in six months は「6カ月の間で」という意味で使われています。文脈によっては「6カ月後に」という意味にもなります。traveled「(〜という距離を) 移動した」という単語と一緒に使われていることから、この文では「6カ月の間」を意味することがわかります。
- 文の終わりの visiting は and they have visited のことだと考えてください。この they は the family of three のことを指します。

⑩

Brown says Brown は言っています

she loves the blend of leisure time and work time;

余暇と仕事の時間の融合を大変気に入っていると

she and her husband have not had to give up their careers,

彼女と夫はキャリアをあきらめる必要はありませんでした

and they are spending quality time with Tim.

そして彼らは Tim と充実した時間を過ごしています

語句

☐ **blend** 融合 ☐ **quality** 質の高い
☐ **leisure time** 余暇

読解のポイント

- 文前半で述べられている leisure time and work time は遊びの時間と仕事の時間といった対比です。文の後半でも逆の順番で、キャリアの構築と子どもとの貴重な時間とを比べています。
- leisure time の leisure は日本語でレジャーと発音しますが、英語では /líːʒər/ の発音なので、注意しましょう。

⑪

RVwizUS, a rental RV company, レンタル RV 会社の RVwizUS では

saw more families より多くの家族を見てきました

traveling this summer. この夏旅行するのを

語句

□ **RV** キャンピングカー（= recreational vehicle）

読解のポイント

- RV はキャンピングカーやキャンピングトレーラーのことを指します。
- see ～は「more families traveling という現象を見てきた」というニュアンスです。

⑫

Bookings have more than doubled quarter over quarter,

予約は前四半期比で 2 倍以上になり

and about 70% of customers were families 顧客の約 70%は家族でした

with children under 18, 18 歳未満の子どもを持つ

still in school. まだ学校に通っている

語句

□ **quarter over quarter** 前四半期比　□ **in school** 在学中で

読解のポイント

- double は自動詞「2 倍になる」、他動詞「～を 2 倍にする」、名詞「2 倍」、そして形容詞「2 倍の」としての使い方もあります。
- quarter over quarter は「前四半期比」という会計用語。QoQ と訳されることもあります。YoY が year over year「前年比」、MoM が month over month「前月比」です。

⑬

This suggests これは示唆しています

that many families have figured out 多くの家族が見つけ出したことを

how to successfully juggle their professional life

仕事をしながらの生活をうまく両立させる方法を

and their children's academic needs　子どもの学業上のニーズと

by finding positions　職務を見つけることで

that allow remote work　リモートワークを認める

and online schools　そしてオンラインスクール

that are accredited.　認可されている

語句

☐ **figure out**　～を見つけ出す

☐ **juggle A and B**　A と B を両立させる

☐ **professional life**　仕事

☐ **accredit**　～を認可する

読解のポイント

- この文は、仕事と子どもの学業のニーズのバランスを取るためには 2 つの条件が必要であることを示唆しています。まず 1 つ目が finding positions that allow remote work、つまりリモートワークを許可する仕事につくこと、そして 2 つ目が finding online schools that are accredited、つまり認可オンラインスクールを見つけることです。文後半の finding が 2 つの条件にかかっていることが瞬時に理解できるかどうかで、この文の理解スピードが決まります。
- suggest は suggest that ＋主語 ＋(should) 原形の形だと「(that 以下のことを) 提案する」という意味になります。that 節にある should は省略される場合があるため、主語の人称にかかわらず動詞は原形になります。

⑭

Brown says,　Brown は次のように述べています

"More and more universities and grad schools offer online courses,

オンラインコースを提供する大学や大学院が増えているので

so why not get youngsters used to online learning?

ちびっ子たちもオンライン学習に慣れさせてみませんか

語句

☐ **more and more**　ますます

☐ **grad school**　大学院

☐ **why not**　～をしてみませんか

☐ **youngster**　若者、子ども

☐ **get A used to B**　A に B を慣れさせる

読解のポイント

- get used to は「～に慣れる」という意味で使われます。get A used to B は直訳すると「A に B を慣れさせる」となります。be used to *doing*「～するのに慣れている」も使えるように練習しておきましょう。また、used to *do*「～したものだ」は意味が異なりますので、読み間違いをしないように注意が必要です。例えば I used to be a travel nurse. は「昔はトラベルナースの仕事をしていた」という意味です。
- youngsters は子どもから少年少女の年齢のイメージ。ここでは「大学になったらオンライン学習の機会が増えるのだから、その前に慣れたほうがいい」といったことを述べているため、大学生よりも若い子どもたちを指しています。また、自分の子どもが 10 歳なので、その年齢やそれ以下の年齢を想像しているであろうことも わかります。

⑮

If students can become autonomous learners　もし、生徒が自律的な学習者になり

and manage their own learning at a young age,

若いうちに自分の学習を管理できるようになれば

they will have more flexibility in the future

将来、より柔軟に対応できるようになります

when they want to pursue their interests."　彼らが自分の興味を追求したいときに

語句

☐ **autonomous learner**　自律的な学習者

読解のポイント

- 前の文でオンライン学習を勧めているので、この文ではお勧めしたい理由が述べられています。子どもたちが小さいときからオンライン学習のスキルを身につけておけば、将来の自由度にもつながるというのが Brown の意見です。

⑯

It seems like　～のようです

companies and online schools are already familiar

企業やオンラインスクールは、すでに精通しているようです

with successful online practices.　オンラインの成功事例に

語句

□ **be familiar with**　～に精通している　　□ **practice**　慣行

読解のポイント

- successful practices に似た表現として、日本語でもビジネス場面で「ベストプラクティス」が使われていますね。このプラクティスも「慣行」や「手法」といった意味です。

⑰

They are generally committed to　彼らはたいていは取り組んでいます

recruiting, retaining, developing, and sustaining employees

従業員の採用、雇用の維持、育成、雇用の長期継続

who can effectively work online.　オンラインで効果的に働くことができる

語句

□ **generally**　たいていは　　□ **developing**　～を育成すること

□ **recruiting**　～を採用すること　　□ **sustaining**　～を維持すること

読解のポイント

- 前文で、リモートワークがうまくいく手法に企業が精通していることを示し、この文ではその一環としてやっていることを具体的に述べています。リモートワークがうまくいくように「従業員の採用、雇用の維持、育成、雇用の長期継続」に取り組んでいるという具体例です。
- SDGs（Sustainable Development Goals）という言葉を頻繁に耳にするようになったので、sustain「維持する」の意味は理解できるでしょう。sustaining employees というのはいわゆるリテンション「人材の維持」のことです。人事領域で頻繁に使われる表現で、離職率を下げて安定して従業員に働いてもらう施策を指すこともあります。
- 「～することに専心する」は、be committed to *doing*、be devoted to *doing*、be dedicated to *doing* といった表現があります。*doing* の部分に名詞を入れるこ

とも可能です。

⑱

As long as parents can become creative 親が創造的になれて

and provide a safe and innovative environment

安全で革新的な環境を提供できる限り

for their children 子どもたちにとって

to learn while traveling, 旅行中に学ぶことができるように

workation and roadschooling seem to be a great option

ワーケーションとロードスクーリングは素晴らしい選択肢であるようです

for those seeking an exciting lifestyle.

エキサイティングなライフスタイルを求める人々にとって

語句

☐ **innovative** 革新的な　☐ **seek** ～を求める

読解のポイント

- as long as は「～する限りにおいて」という意味で使われます。as far as「～に関する限りは」も同じように条件を限定するときに使われます。例えば as far as I know であれば「私の知る限り」という意味です。
- roadschooling は記事のタイトルに出てきた表現でしたね。online schooling や home schooling を道の上で旅行中に行っていることからこの呼び名になっていることを、全文を通して理解できましたか。
- このような長い文はカンマで意味のかたまりが分かれていると考え、カンマの前後の情報を整理しましょう。原則は戻り読みをせずに頭から読んでいただきたいのですが、スラッシュを入れても読みにくい文の場合はじっくり整理することも必要です。文の前半を日本語にすると「旅行中に学ぶことができるように、子どもたちにとって安全で革新的な環境を親が創造的になり、提供できる限り」となります。

  ③ As long as parents can become creative and provide a safe and innovative environment　親が創造的になり、安全で革新的な環境を提供できる限り

  ② for their children　子どもたちにとって

  ① to learn while traveling,　旅行中に学ぶことができるように

  カンマの後ろは、

② workation and roadschooling seem to be a great option　ワーケーションとロードスクーリングは素晴らしい選択肢であるようです

① for those seeking an exciting lifestyle.　エキサイティングなライフスタイルを求める人々にとって

「エキサイティングなライフスタイルを求める人々にとって、ワーケーションとロードスクーリングは素晴らしい選択肢であるようです」と整理できます。

この英文を読んだ後、どのような行動に移るべきか

あなたが子どもを持つ保護者で、毎日通勤する生活に疲れていたら、この記事を読んでどのようなことを考えますか。この記事には、仕事と子どもの学業のニーズのバランスを取るためには保護者が、リモートワークが認められる仕事やトラベルナースのように旅しながら働ける仕事につけること、そして認可オンラインスクールを見つけることが、ワーケーションとロードスクーリングの成功の秘訣だと述べられています。そういった環境を整えることができるかどうか、まずは考えてみましょう。もし可能であれば、どのように旅をするのか、またどこへ行きたいかなど、楽しい計画を立てることができますね。

あなたが事業の立ち上げを行うような立場にあるビジネスパーソンであれば、ワーケーションやロードスクーリングをしている人の増加に伴い、このような人々が必要としているサービスや商品を開発するかもしれません。ニュース記事はトレンドを把握する読み物として最適なので、速く読めるようになることでたくさんの情報収集ができ、新しいビジネスアイディアが思い浮かぶかもしれません。

TIPS

ネイティブ感覚を理解しよう
～副詞の位置～

本書には実在するリアルな英語記事や広告などを元に作られたフィクション記事が使われています。ネイティブの記者がどのような表現を書くのかを意識しながら様々な記事を読みましたが、特に副詞が置かれる位置が印象的でした。副詞は文の様々な場所に入れることができます。p. 293 の just の例文も参考にしてください。

日本人は日本語の語順の感覚で、程度と頻度の副詞を文頭に入れがちですが、ネイティブは冒頭にある副詞は一般的に文全体を修飾すると考えます。そのため、物事や確信の程度と頻度を表すときは動詞の前に副詞が入っている文がほとんどです。

彼は多分具合が悪いのだろう。
○ He's **probably** sick.
△ He's sick, **probably**. / △ **Probably**, he's sick.

私はいつも朝コーヒーを飲む。
○ I **always** drink coffee in the morning.
△ I drink coffee in the morning, **always**. / △ **Always**, I drink coffee in the morning.

私は特にあの映画が気に入った。
○ I **especially** liked that movie.
△ I liked that movie **especially**. / △ **Especially**, I liked that movie.

口語においては、△の文を耳にすることもありますが、記事などの文章は校正されているものがほとんど。そのため、読者が意味の理解を的確にできるように整えられているものが多いでしょう。そのような整った文をお手本にして、修飾句や修飾節がどのように書かれているかを考え、何度も口に出し、伝わりやすい英語を身体に叩き込みましょう。

記事5

Track 25

New Preventative Care for Children's Migraines

November 28 – Although symptoms can range from mild to severe, migraine is a prevalent disease that affects around 1 billion adults and children worldwide. Migraine tends to run in families, but many parents are hesitant to treat children's symptoms through medication. This is not surprising because migraine sufferers are well aware that medication overuse is the most common reason why medication stops working. It is not unusual for a medication that once worked wonders to become ineffective, and this can eventually lead to episodic migraine becoming chronic migraine.

While some families are struggling to pay the high costs of medical services beyond the burden of the migraine attack itself, most families have limited access to quality care. There is particularly too little support for children. Children who suffer from migraine have a much higher risk of becoming absent from school compared to children without. However, migraine remains a poorly understood disease and most educators are not aware of how to support children in need. A study has shown that the vast majority of children who have had a migraine at school did not seek medical care for their throbbing pain.

Without proper medication and proper support programs, many children are being left behind with a low quality of life. However, this may soon change. Russel Lin, a migraine sufferer himself, has found venture funding to produce a breakthrough medical device that helps to prevent migraines from occurring. He has developed a small device for people to wear on their ears. The device sends tiny electrical impulses, which are clinically proven to reduce migraine days and pain severity. The device is in its final stages of trial and may be available to the public as early as next summer.

This is one of the first devices that can be used on children as young as three years old. The little drug-free migraine relief device may help little migraine fighters meet life head-on!

子どもの偏頭痛について実情を述べ、偏頭痛持ちの子どもたちを救うかもしれない新しいデバイスについて説明している報道記事です。

訳

子どもの偏頭痛に対する新しい予防ケア

11 月 28 日――偏頭痛の症状は軽度から重度まで様々ですが、世界中で約 10 億人の成人と子どもに影響を与える一般的な病気です。偏頭痛は遺伝する傾向がありますが、多くの親は薬による子どもの症状の治療に躊躇しています。偏頭痛の患者は、薬が効かなくなる最も一般的な理由が薬の使いすぎであることをよく知っているので、これは驚くべきことではありません。かつて効き目があった薬が効かなくなるのは珍しいことではなく、これは最終的に突発的な偏頭痛が慢性的な偏頭痛になる可能性があるということなのです。

一部の家族は偏頭痛の発作自体に対する（心身の）負担に加え、高額な医療サービスの費用の負担に苦労していますが、ほとんどの家庭は質の高い治療を受けることが難しい状況にあります。特に子どもたちへの支援は少なすぎます。偏頭痛に苦しむ子どもはそうでない子どもと比較して、学校を欠席するリスクがはるかに高くなるのです。しかし、偏頭痛は依然としてよく理解されていない病気であり、ほとんどの教師は、困っている子どもたちをどのようにサポートしたらよいかを知らないのが現状です。ある研究によると、学校で偏頭痛を患ったことがある子どもたちのほとんどは、ズキズキする痛みに対処するための医療的な処置を求めていませんでした。

適切な投薬と適切な支援プログラムがなければ、多くの子どもたちが苦しい生活の中に取り残されてしまいます。ですが、こうした状況を変えられる可能性があります。自身も偏頭痛に苦しんでいる Russel Lin は、偏頭痛の発生を防ぐのに役立つ画期的な医療機器を製造するためにベンチャーキャピタルによる資金調達を行いました。そして、耳に装着するための小さな装置を開発したのです。このデバイスは、偏頭痛の日数と痛みを軽減することが臨床的に証明されている微量の電気刺激を送信します。このデバイスは臨床試験の最終段階にあり、早ければ来年の夏に一般公開される可能性があります。

これは、3 歳以上の子どもから使用することができる最初のデバイスの 1 つです。薬物を使わない小さな偏頭痛緩和装置は、偏頭痛と闘うちびっこが人生に正面から向き合うのを助ける可能性があるのです！

スラッシュリーディング用の英文

① New Preventative Care / for Children's Migraines

② November 28 – / Although symptoms can range from mild to severe, / migraine is a prevalent disease / that affects around 1 billion adults and children worldwide. / ③ Migraine tends to run in families, / but many parents are hesitant to treat children's symptoms / through medication. / ④ This is not surprising / because migraine sufferers are well aware / that medication overuse is the most common reason / why medication stops working. / ⑤ It is not unusual for a medication / that once worked wonders to become ineffective, / and this can eventually lead to episodic migraine / becoming chronic migraine.

⑥ While some families are struggling / to pay the high costs of medical services / beyond the burden of the migraine attack itself, / most families have limited access / to quality care. / ⑦ There is particularly too little support for children. / ⑧ Children / who suffer from migraine / have a much higher risk / of becoming absent from school / compared to children without. / ⑨ However, migraine remains a poorly understood disease / and most educators are not aware / of how to support children in need. / ⑩ A study has shown / that the vast majority of children / who have had a migraine at school / did not seek medical care / for their throbbing pain.

⑪ Without proper medication and proper support programs, / many children are being left behind / with a low quality of life. / ⑫ However, this may soon change. / ⑬ Russel Lin, a migraine sufferer himself, / has found venture funding / to produce a breakthrough medical device / that helps to prevent migraines from occurring. / ⑭ He has developed a small device / for people to wear on their ears. / ⑮ The device sends tiny electrical impulses, / which are clinically proven to reduce migraine days / and pain severity. / ⑯ The device is in its final stages of trial / and may be available to the public / as early as next summer.

⑰ This is one of the first devices / that can be used on children / as young as three years old. / ⑱ The little drug-free migraine relief device / may help little migraine fighters / meet life head-on!

語句・読解のポイント

①

New Preventative Care　新しい予防ケア

for Children's Migraines　子どもの偏頭痛に対する

語句

☐ **preventative**　予防する　　☐ **migraine**　偏頭痛

読解のポイント

- この記事の構成では、子どもの偏頭痛について具体的に情報提示されるのは2段落目から。このタイトルを読んでおくことで、記事全体の方向性を想像しながら読み進めることができます。

②

November 28　11月28日

Although symptoms can range from mild to severe,

症状は軽度から重度まで様々ですが

migraine is a prevalent disease　偏頭痛は一般的な病気です

that affects around 1 billion adults and children worldwide.

世界中で約10億人の成人と子どもに影響を与える

語句

☐ **symptom**　症状　　☐ **prevalent**　広まっている

☐ **range from A to B**　AからBの範囲にわたる

☐ **severe**　重度の　　☐ **affect**　～に影響を与える

読解のポイント

- symptoms can range from mild to severe の can は「～することができる」という意味ではなく「可能性」という意味で使われています。つまり、「軽度から重度まで様々な状態になる可能性がある」ということを表しています。

③

Migraine tends to run in families, 偏頭痛は遺伝する傾向があります

but many parents are hesitant to treat children's symptoms

ですが、多くの親は子どもの症状の治療に躊躇しています

through medication. 薬による

語句

☐ **run in (one's) family** 遺伝する ☐ **be hesitant to *do*** ～するのに躊躇する

読解のポイント

● 文の前半と後半の関係に着目しましょう。butで接続されていることから、前半では偏頭痛は遺伝する傾向があるため、保護者は薬などの対処法があることは知っているということが示唆されています。後半では、薬などがあることは知っているけれども、薬を使うことにはデメリットもあるので多くの親は子どもの症状の治療に躊躇しているということを、butをつけて説明しています。偏頭痛の苦しさを親は理解しているものの、対処できていないということを強調する文構造です。

④

This is not surprising これは驚くべきことではありません

because migraine sufferers are well aware 偏頭痛の患者は、よく知っているので

that medication overuse is the most common reason

薬の使いすぎが最も一般的な理由であることを

why medication stops working. なぜ薬が効かなくなるかという

語句

☐ **sufferer** 患者 ☐ **common** 一般的な

☐ **be well aware** ～をよく知っている ☐ **work** 作用する

☐ **overuse** 多用

読解のポイント

● この文は前の文の説明になっています。多くの親が子どもの症状を治すことに躊躇しているという事実をふまえてこの文を読むと、苦しんでいる子どもに薬を与えない理由がわかります。

⑤

It is not unusual for a medication それは薬にとって珍しいことではない
that once worked wonders to become ineffective,
かつて効き目があった薬が効かなくなること
and this can eventually lead to episodic migraine
これは最終的に突発的な偏頭痛が進行する可能性がある
becoming chronic migraine. 慢性的な偏頭痛になることに

語句

□ **work wonders** （薬が）よく効く
□ **ineffective** 効果がない
□ **eventually** 最終的に
□ **episodic** 一時的な
□ **chronic** 慢性的な

読解のポイント

- 文頭の It is not unusual for a medication にある It の内容は that 以下で説明されています。
- medication は、種類を指すときのみ可算名詞として使います。
- work wonders は work miracles とも言い換えられ、驚くような効果があるといったニュアンスです。
- episodic「一時的な」と chronic「慢性的な」は対義語として使われています。

⑥

While some families are struggling 一部の家族は苦労している一方で
to pay the high costs of medical services 高額な医療サービスの費用を支払うのに
beyond the burden of the migraine attack itself, 頭痛の発作自体に対する負担に加えて
most families have limited access ほとんどの家庭はアクセスが制限されています
to quality care. 質の高い治療への

語句

□ **beyond** ～を超えて
□ **burden** 負担、重荷
□ **migraine attack** 頭痛の発作

読解のポイント

- この文を理解するポイントは beyond the burden of the migraine attack itself の捉え方です。まず、何を「超えて」いるのかですが、頭痛発作自体に対する心身の負担です。身体的な負担の先（beyond）に何があるか？　それが the high costs of medical services「高額な医療サービスの費用」です。頭痛発作自体に対する負担に「加えて」高額な医療サービスの費用を支払うことに一部の家族は苦労していると解釈します。

⑦

There is particularly too little support for children.

特に子どもたちへの支援は少なすぎます

⑧

Children　子どもたち
who suffer from migraine　偏頭痛に苦しむ
have a much higher risk　リスクがはるかに高くなる
of becoming absent from school　学校を欠席する
compared to children without.　そうでない子どもと比較して

語句

- □ **much**　はるかに
- □ **compared to**　～と比較して
- □ **be absent from**　～を欠席する

読解のポイント

- この文までは偏頭痛を持つ子どものいる家庭に関する情報が主となっていましたが、この文からは子ども自身にどのような影響があるのか説明されています。
- この文の much「はるかに」は比較級を強める働きをしています。
- 文末にある without の後ろには migraine が省略されています。

⑨

However, migraine remains a poorly understood disease

しかし、偏頭痛は依然としてよく理解されていない病気であり

and most educators are not aware ほとんどの教師は認識していません
of how to support children in need.
困っている子どもたちをどのようにサポートしたらよいかを

語句

☐ **poorly** 不十分に　☐ **in need** 困っている

読解のポイント

- remains a poorly understood disease「依然としてよく理解されていない」は、狭い意味のunderstood「理解される」よりも、広義な「患者数が多いにもかかわらず、偏頭痛の治療やサポート体制が不十分である」といったことを示しています。
- be aware of の後ろには名詞（句）が続きますが、節を続けたい場合には be aware that を使います。例えば Be aware that most educators do not know how to support children in need. となります。

⑩

A study has shown ある研究によると
that the vast majority of children 子どもたちのほとんどは
who have had a migraine at school 学校で偏頭痛を患った
did not seek medical care 医療的な処置を求めませんでした
for their throbbing pain. ズキズキする痛みに対処するための

語句

☐ **study** 研究　☐ **throbbing** ズキズキする
☐ **the vast majority of** ～の大部分

読解のポイント

- この文は前の文とあわせて理解する必要があります。表面上は「学校で偏頭痛に苦しんでも医療的な処置を求めなかった」という事実だけが読み取れますが、前の文も考慮すると、支援を受けることができないので「誰に言っていいのかわからない」といった理由から「求められなかった」と解釈する必要があります。
- study はここでは「研究」という意味の可算名詞として使われています。名詞では「書斎」という意味もあります。work も「研究」という意味で使われますが、こちらは不可算名詞です。名詞を覚える際は、常に「可算」なのか「不可算」なのかを意識して覚えるようにすることをお勧めします。ビジネスで英文を書く際は、是非このことを意識しましょう。読む際にも日頃から意識しておかないと、可算名詞に必要な冠詞抜けといった文法ミスが発生します。

⑪

Without proper medication and proper support programs,
適切な投薬と適切な支援プログラムがなければ
many children are being left behind 多くの子どもたちが取り残されてしまいます
with a low quality of life. 苦しい生活の中に

語句

☐ **be left behind** 取り残される

読解のポイント

- Without ～ , ＋節は、「～がなければ、…する」という意味を表します。
- quality of life は日本でも医療現場では近年 QOL という表現で使われています。QOL の改善は、患者の身体的な苦痛を和らげ、精神的な支援をしたり、社会的活動の範囲を広げる支援をするなど、制限がある中でも患者の人生が総合的により豊かになることを意味します。

⑫

However, this may soon change. ですが、こうした状況を変えられる可能性があります

読解のポイント

- この文の this は「多くの偏頭痛を抱える子どもたちが低い QOL の中で取り残されてしまう状態」を指しています。
- 助動詞の may は「約 50% の可能性」を表し、「～するかもしれない」可能性が半々であるというニュアンスです。ちなみに may の過去形の might は可能性が下がり、だいたい 30% 程度の可能性があることを表します。

⑬

Russel Lin, a migraine sufferer himself, 自身が偏頭痛に苦しんでいる Russel Lin は
has found venture funding ベンチャーキャピタルによる資金調達を行いました
to produce a breakthrough medical device 画期的な医療機器を製造するための
that helps to prevent migraines from occurring. 偏頭痛の発生を防ぐのに役立つ

語句

□ **venture funding** ベンチャーキャピタルの資金調達
□ **medical device** 医療機器
□ **breakthrough** 画期的な
□ **occur** 発生する

読解のポイント

- この文は単純に Russel Lin is producing a breakthrough medical device that helps to prevent migraines from occurring.「新しい医療機器が製造される」という情報だけではなく、文前半に彼に関する情報を加えることで、Russel Lin なる人物の背景情報が想像できる内容になっています。自身が偏頭痛に悩んでおり、また資金調達を行ったということから、自身と子どもたちのために奮闘している印象を与えます。
- device「機器」は可算名詞ですが、似たような意味を持つ equipment「器具」は不可算名詞です。書く・話すときには a device, two devices, equipment (an はつけられない) のように正しく使い分けましょう。

⑭

He has developed a small device 彼は小さな装置を開発しました
for people to wear on their ears. 人々が耳に装着するための

読解のポイント

- 文の後半はどのような装置なのかの説明です。この説明は、that people can wear on their ears. と関係代名詞を使って表すこともできます。

⑮

The device sends tiny electrical impulses,
このデバイスは、微量の電気刺激を送信します
which are clinically proven to reduce migraine days

臨床的に偏頭痛の日数を減らすことが証明されています

and pain severity. そして痛みの重症度を

語句

- □ **impulse** 刺激
- □ **clinically** 臨床的に
- □ **be proven to *do*** ～することが証明される
- □ **severity** 重症度

読解のポイント

- migraine days は migraine が形容詞として「どんな日か」を説明しています。
- この文は This device is clinically proven to reduce migraine days and pain severity by sending tiny electrical impulses. と言い換えることができますが、ニュアンスが異なります。文頭に来る情報がキーメッセージとなりますので、⑮の文は前半でデバイスの機能を強調しています。一方で、This device is clinically proven ～の文は臨床的に偏頭痛の日数を減らすことが強調されます。

⑯

The device is in its final stages of trial このデバイスは臨床試験の最終段階にあり

and may be available to the public そして一般に公開される可能性があります

as early as next summer. 早ければ来年の夏に

語句

- □ **in final stages of trial** 臨床試験の最終段階に
- □ **as early as** 早ければ～に

読解のポイント

- trial は試験段階の意味。ここでは前の文から医療機器のようなものの開発であること、また clinically proven という表現が使われていたことから trial が「臨床試験」を意味していることがわかります。
- available は、主語が物であれば「入手できる」、人であれば「都合がつく」という意味の形容詞です。

⑰

This is one of the first devices これは、最初のデバイスの１つです

that can be used on children 子どもが使用することができる

as young as three years old.　3歳以上の

読解のポイント

- ここでの one of the first は2つの意味を持つ可能性があります。「子どもがつけられる世界初のデバイス」である可能性と、もう1つの可能性は「子ども用のものはあるけれども、3歳といった小さな子がつけられるものは初めて」という意味です。このどちらの解釈が正しいかは自分でこのデバイスについて調べないとわかりません。こういった、あいまいな文と出会うこともありますので、そのような場合は追加リサーチをしましょう。
- children as young as three years old は、直訳すると「3歳と同じくらいの若さの子どもたち」となりますが、「こんなに小さな子でも使うことができる」というニュアンスが含まれており、それ以上の年齢の子どもが使えることも意味しています。

⑱

The little drug-free migraine relief device　薬物を使わない小さな偏頭痛緩和装置は
may help little migraine fighters　偏頭痛と闘うちびっこを助ける可能性があります
meet life head-on!　人生に正面から向き合うのを

語句

☐ **drug-free**　薬物を含まない
☐ **relief**　緩和
☐ **meet 〜 head-on**　〜に正面から向き合う

読解のポイント

- help little migraine fighters meet life head-on では、help 人 *do*「人が〜するのを助ける」が使われています。前の文で、3歳の子どもでも使えるデバイスであると述べていることから、little は子どもの小ささを示すことがわかります。
- meet 〜 head-on は「〜に正面から立ち向かう」といった意味で、頭痛の head にもかけられていると考えらます。こういった、語呂合わせのような言葉遊びは英語の記事でよく見受けられます。記事のテーマと関連する単語が入ったイディオムが使われていたりするので、英文を読むときにはそういったことにも注意を向けてみましょう。

この英文を読んだ後、どのような行動に移るべきか

あなた自身が偏頭痛持ち、または我が子が偏頭痛持ちだった場合、この記事を読んでどのような点に共感し、興味を持つでしょうか。まず、記事からは偏頭痛に関する以下の問題があることがわかります。

・世界中で約10億人の成人と子どもが偏頭痛に悩んでいる。
・薬物を多用すると薬物の効き目がなくなってしまいかねない。そのため、子どもが苦しんでいても薬の利用を躊躇する保護者が多い。
・偏頭痛のケアは高額であるうえ、多くの人が医療的な支援を受けられない状態である。
・子どもたちが1日の大半を過ごす学校では、教育者は困っている子どもたちを支援する方法を認識していないため、子どもたちは学校でも支援を受けられない。
・このように、偏頭痛持ちの子どもたちは生活の質が低いので、Russel Linは偏頭痛の発生を防ぐのに役立つ画期的な医療機器を開発した。この機器は3歳くらいの子どもから使用することができる最初のデバイスとなる。このデバイスは臨床試験の最終段階にあり、早ければ来年の夏に一般に公開される可能性がある。

もし、あなたのお子さんが偏頭痛に悩んでいたら、この新しいデバイスの情報を収集することでしょう。

この記事は第1段落で偏頭痛に関する概要、第2段落で偏頭痛に悩まされている子どもにまつわる情報、そして第3段落と第4段落で子どもを救うかもしれない発明について述べています。概要から詳細へと話題が展開され、最後は明るい展望であることを伝えている構成になっています。

索引

英数字

A

B

C

D

E

F

G

H

I

J

K

L

M

Q

R

S

T

U

V

W

Y

著者略歴

江藤友佳（えとう・ゆか）【著】

アメリカ・ロサンゼルスで育つ。クレアモントマッケナ大学卒業後、コロンビア大学大学院Teachers College修士号取得（英語教授法）。大学卒業後、外資系コンサルティングファームに入社。その後、大学院で英語教育を専門的に学びながら、研修業界で英語指導経験を積む。楽天株式会社に転職し、社内公用語の英語化プロジェクトの教務責任者を経て独立。

現在はY.E.Dインターナショナル合同会社代表として、英語でのビジネス実務経験と英語指導経験の両方を活かした教材制作、企業研修、英語教室運営、アドバイザリーサービスを提供している。

著書に、『ロジカルに伝わる　英語プレゼンテーション』『英語の数字ルールブック』（共著）（以上、クロスメディア・ランゲージ）など。

濵﨑潤之輔（はまさき・じゅんのすけ）【和訳・文法解説】

大学・企業研修講師。早稲田大学政治経済学部経済学科卒業。明海大学や獨協大学、ファーストリテイリングや楽天銀行、SCSK、エーザイなどの企業でTOEICテスト対策研修講師を務める。これまでにTOEIC L&Rテスト 990点（満点）を80回以上取得。濵﨑TOEIC研究所を主宰。

著書に『TOEIC L&Rテスト 990点攻略』（旺文社）など多数。著書・監修書籍は累計80万部以上。

ビジネス英語リーディングの技術

2022年 3 月 11 日　第1刷発行

著者　江藤友佳、濵﨑潤之輔

発行者　小野田幸子

発行　株式会社クロスメディア・ランゲージ
〒151-0051 東京都渋谷区千駄ヶ谷四丁目20番3号
東栄神宮外苑ビル　https://www.cm-language.co.jp
■本の内容に関するお問い合わせ先
TEL (03)6804-2775　FAX (03)5413-3141

CrossMedia LANGUAGE

発売　株式会社インプレス
〒101-0051 東京都千代田区神田神保町一丁目105番地
■乱丁本・落丁本などのお問い合わせ先
TEL (03)6837-5016　FAX (03)6837-5023　service@impress.co.jp
（受付時間　10:00-12:00、13:00-17:30　土日祝祭日を除く）
※古書店で購入されたものについてはお取り替えできません。
■書店／販売会社からのご注文窓口
株式会社インプレス　受注センター　TEL (048) 449-8040　FAX (048) 449-8041

カバーデザイン　竹内雄二
本文デザイン　都井美穂子
DTP　株式会社ニッタプリントサービス
編集協力　涌井彩夏、今坂まりあ、上野未夢、長沼陽香
英文校正　Justin Matthews, Colleen Sheils
ナレーション　Katie Adler, Jack Merluzzi
録音・編集　株式会社巧芸創作

営業　秋元理志
画像提供　iStock.com/gianlucabartoli
印刷・製本　中央精版印刷株式会社
ISBN 978-4-295-40638-9　C2082

©Yuka Eto & Junnosuke Hamasaki 2022
Printed in Japan

■本書のコピー、スキャン、デジタル化等の無断複製は、著作権法上での例外を除き禁じられています。本書を代行業者等の第三者に依頼して複製することは、たとえ個人や家庭内での利用であっても、著作権上認められておりません。
■乱丁本・落丁本はお手数ですがインプレスカスタマーセンターまでお送りください。送料弊社負担にてお取り替えさせていただきます。